研修デザイン
ハンドブック

学習効果を飛躍的に高めるインストラクショナルデザイン入門

中村文子、ボブ・パイク 著
WRITTEN BY AYAKO NAKAMURA　BOB PIKE

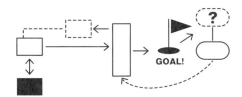

日本能率協会マネジメントセンター

・・・・はじめに ・・・・・・・・・・・・・・・・・・・・・・・・・・・・

　研修講師、社内講師、セミナー講師、インストラクター、教員。
　誰かに何かを教える人のスキル向上には、何が大切なのでしょうか。
「話し方」「伝え方」など、いわゆるデリバリースキルでしょうか。

　実際に、「社内講師のスキル向上のために」といった研修のご相談をいただくことも少なくありません。
　では、講師の話し方が向上すれば良い研修になるでしょうか。
　もしそうだとすれば、話し方のうまい講師の動画を作成し、見てもらうほうが効率的なのではないかと、私は考えてしまいます。
　人が集まって研修を行うからには、対面・集合研修でしか得られない効果がないと意味がありません。

　以前、私が担当した研修で、こんな参加者の方にお会いしました。
　ある企業での講師スキル向上の研修でのことです。最初の休憩時間の時に、その方はこんなことを話していました。

「もうこんな時間なんですね。この研修、全然眠くならないんですね！私、昨日上司に、『明日研修でしょ。眠くならないように今日は早く帰って寝たほうが良いよ』って言われて、本当にそうしたんです。『眠くならないように！』と思って気合いを入れてきたのに、そんな必要なかったです」

　……周りにいたほかの参加者と一緒に、大笑いしてしまいました。

　でもそれは、私の「話し方」がうまいから、ということでは決してないのです。

　それよりも、どのようにしたら参加者が眠くならずに集中力を保ち、学

んだことを記憶に定着させ、主体的に学びに関わり続けられるかを、「デザイン」しているからなのです。

　それが本書のテーマである「研修デザイン」つまり、「インストラクショナルデザイン」です。

　本書の「インストラクショナルデザイン」の根底となっている「参加者主体」の研修の理論は、脳科学や心理学をベースにしています。

　１つひとつに理由や意味があり、どんな研修のテーマや内容にでも広く活用できる理論・手法です。

　私自身もセミナーや研修の参加者になることがあります。

　最近参加したあるセミナーでは、講師の方はとても楽しい人柄で、パッションに溢れる解説を繰り広げていました。内容はとても興味深く、しっかりと理解したいと思えるものでしたし、また話し方もとても楽しいので、いつしか引き込まれていました。

　ただ、とても残念なことに、セミナー直後に、理解したつもりになっていた事柄があやふやだったり、話の内容をあまり覚えていなかったりすることに気がつきました。

　講師の方が楽しそうに話している姿は鮮明に覚えているのですが、肝心の内容が思い出せないセミナー、研修がとても多いのです。

　「インストラクショナルデザイン」の観点から言えば、そのセミナーは、講師の一方的な説明がずっと続くもの。マシンガントークと言ってもいいくらいのもので、新しく学ぶ情報について考えたり、自分なりに整理したりする時間がほぼありませんでした。

　そのため、一時的に短期記憶に留めていた情報は、時間の経過とともにどんどん忘却してしまったのでしょう。

　これは参加者としての私が望んでいることではないのですが、自然なことです。

もちろん、講師には伝える力である「デリバリースキル」や、参加者の対話を促す「ファシリテーションスキル」も必要です。

　前作の『講師・インストラクターハンドブック』（日本能率協会マネジメントセンター刊）では、「デリバリースキル」「ファシリテーションスキル」、そして「インストラクショナルデザイン」の３つの面から、講師として必要なことをご紹介させていただきました。

　本書ではその中から「インストラクショナルデザイン」だけに焦点を当て、より深く、より多くの例を挙げて皆さんがより活用しやすいように心がけて、解説していきます。

「インストラクショナルデザイン」がしっかりしていれば、講師の人柄や話術、デリバリースキルに依存しなくても、効果的な研修が行えます。

　本書を手に取られた皆さんに、ぜひ研修や授業で活用いただき、それを実感していただければ嬉しく思います。

「この研修・授業を受けて良かった！　楽しかった！　もっと学びたい！」

　そう思ってくれる研修参加者を１人でも増やし、世の中から退屈で身につかない研修や授業をゼロにするという夢に、また一歩近づければと願っています。

ダイナミックヒューマンキャピタル株式会社

中村文子

第 1 章 なぜ、研修にインストラクショナルデザインが必要なのか?

1-1　研修の効果を高めるために必要なこと

○そもそも、良い研修とはどのようなものか?　15
なぜ、8割の研修は実践されていないのか?　/　研修に対する誤解①　参加者からの評価が高い研修＝良い研修　/　研修に対する誤解②　実践するかどうかは、参加者本人次第　/　研修についての誤解③　講師は参加者に知識を提供すればいい

○効果的な研修とインストラクショナルデザイン　20
研修の効果を高めるために必要なもの　/　インストラクショナルデザインとは　/　「グループワーク」や「ディスカッション」をやれば良いわけではない

○インストラクショナルデザインと講師の役割　24
講師は、「教える人」ではなく「サポートする人」　/　「伝える人」から「ゴールへ導く人」へ　/　「デリバリー」重視から「デザイン」重視へ

○インストラクショナルデザインの前提　28
インストラクショナルデザインの3つの前提　/　前提1　研修前後を含めたデザインにする　/　前提2　対面で行う意義のあるデザインにする　/　前提3　参加者は大人である

1-2　インストラクショナルデザインの失敗例

○インストラクショナルデザインの失敗例①　知識付与型の研修　34
研修の目的は「知識付与」か?　/　CASE1のてん末

○インストラクショナルデザインの失敗例②　抽象的なニーズを研修に落とし込む　37
ビジネス上の目的を果たす研修をデザインできるか?　/　CASE2のてん末

○インストラクショナルデザインの失敗例③　現場の課題を解決する　39
どうしたら実践につながるか?　/　CASE3のてん末

○3つの失敗例をレビューする　42
どうして失敗してしまったのか?
（ワークシート1）インストラクショナルデザインの失敗の原因と改善のポイントを考える　43

1-3　インストラクショナルデザインの基本コンセプト

○基本コンセプト1　インストラクショナルデザインの基盤となる「学習の法則」　45
法則1　学習者は大きな身体をした赤ちゃんである　/　法則2　人は自分が口にしたことは受け入れやすい　/　法則3　習得はいかに楽しく学ぶかに比例する　/　法則4　行動が変わるまで学習したとは言えない　/　法則5　くわっ、くわっ、くわっ　/　5つの原則を、研修デザインに活かすには

○基本コンセプト2　「90／20／8」──学習に有効な時間配分　53
学習に適した時間配分をもとに研修を組み立てる　/　脳が集中をキープできる

のは「90分」まで ／ 2時間研修における休憩時間の考え方 ／ 「90分」をど
うデザインするか——「90／20／8」の法則

○**基本コンセプト3　研修の構成「CSR——コンテンツ・参画・リビジット」** 56
「20分」をどのように構成するか ／ なぜ、参画やリビジットが必要なのか ／
「90／20／8」の法則と「CSR」を組み合わせてデザインする

○**基本コンセプト4　EAT～研修の構成順序～** 60
講師は、「情報提供者」ではない ／ 「研修は、理論から始めなければいけない」
わけではない ／ 理論から入らない研修をデザインする～EAT～ ／ EATのパ
ターン① 過去の経験や知識を活用してもらう ／EATのパターン② 研修の場で
実際に体験する
（Column）わざと失敗させる研修デザインは効果的か 67

○**基本コンセプト5**
参加者が主体的で、安心して学べる学習環境をつくる 67
安心して学べる学習環境と「開放性」 ／ ポイント① 選択権・決定権 ／ ポ
イント② 全員の巻き込み

○**基本コンセプト6　学習スタイル** 72
学習スタイルとは ／ 学習スタイルの分類① 情報の構築 ／ 学習スタイル
の分類② 何を学ぶか ／ 学習スタイルの分類③ 学習プロセス ／ 学習スタ
イルを研修デザインに活かすには

○**基本コンセプト7　記憶のメカニズム** 78
「記憶」に関する7つのポイント ／ ポイント① 最初 ／ ポイント② 最後 ／
ポイント③ かたまり ／ ポイント④ 関連づける ／ ポイント⑤ 書いて覚える
／ ポイント⑥ リビジット6回 ／ ポイント⑦ 変わったもの

○**基本コンセプトをデザインに活かす** 83
インストラクショナルデザインの8つのステップ

第2章 インストラクショナルデザインの8つのステップ

2－1　ニーズを分析する

○**ニーズ分析の2つの原則** 87
参加者本人への調査の限界 ／ ニーズ分析に必要な視点 ／ ニーズ分析の2つ
の原則

○**調査対象** 90
誰のニーズを調査するか？ ／ 「送られる人」「送る人」「払う人」

○**調査方法** 92
調査が必要な情報とは？ ／ 代表的な調査方法 ／ 調査の実施例

○**分析する** 96
「研修は答えではないかもしれない」——分析に欠かせない視点 ／ ニーズ分析
のフレームワーク ／ 分析の視点①：ニーズを決定する ／ 分析の視点②：組

織のレベルを決定する　／　分析の視点③：改善のための戦略・対策を決定する

○**外部講師・コンサルタントの立場からニーズ分析を行う場合**　102
外部から関わる場合のアプローチ
（ワークシート2）ニーズ分析 ワークシート　104

2-2　参加者を分析する

○**参加者を分析する**　107
参加者分析の4つの観点

○**分析の観点①　知識──参加者の知識レベル**　107
現状と研修後のレベルを見極める　／　参加者の知識・経験を過小評価しない　／
知識レベルの確認①　事前の情報収集　／　知識レベルの確認②　当日の情報収
集　／　知識レベルの見極めが難しい場合の対処法　／　事前課題・事後課題の設定
（ワークシート3）知識レベルの把握　115

○**分析の観点②　興味──「学習者」を増やす**　116
興味の4つのレベル　／　「学習者」を増やすポイント①　参加者にとってのメリッ
トを実感してもらう　／　「学習者」を増やすポイント②　上司を巻き込む
（ワークシート4）上司から部下（研修参加者）に伝えてもらうことフレームワーク
124

○**分析の観点③　言語──専門用語をどの程度知っているか**　126
4つの言語レベル　／　言語レベルを把握する方法
（ワークシート5）言語レベルを把握する方法を準備する　129

○**分析の観点④　影響力**　131
研修で学んだことを職場で実践する権限はあるか？

2-3　目的を設定する

○**研修デザインと目的の設定**　134
研修デザインに「目的」は不可欠　／　曖昧な目的を設定することの問題点

○**効果的な目的を設定するために**　138
4つの領域で目的を設定する　／　①認知領域における目的の設定　／　②感情領
域における目的の設定　／　③行動領域における目的の設定　／　④対人関係領域
における目的の設定

○**研修の「成果」から「目的」を設定する**　144
「成果」から逆にデザインする
（ワークシート6）4つの領域で目的を設定する　147

2-4　オープニングとクロージングをデザインする

○**脳は「最初」と「最後」の情報を記憶する**　149
なぜ「オープニング」と「クロージング」が重要なのか？

○**オープニングをデザインする**　150

オープニングデザインのよくある失敗例 ／ ネガティブなオープニングの問題点

○オープニングデザインの６つのポイント　154
ポイント① 参加者の最大の関心事を打ち破る ／ ポイント② ネットワーキングを促す ／ ポイント③ 研修内容に関連性がある ／ ポイント④ 自尊心を維持、もしくは高める内容である ／ ポイント⑤ 講師も参加者も楽しめる内容である ／ ポイント⑥ 好奇心をくすぐる要素がある

○オープニングのデザイン例　159
効果的なオープニングデザインのパターン ／ 例1：部下育成スキルについての1日研修（オープニング：20分） ／ 例2：専門性が高い知識の3時間研修（オープニング：10分）

○オープニングのアクティビティの手法　165
概要がわかるストーリーを話す ／ 問いかけに対して手を挙げてもらう ／ 問いかけをする ／ 約束をする ／ 普通ではない統計を使う ／ 視覚教材を使う
（ワークシート7）オープニングのフレームワーク　168

○各トピックのオープニングをデザインする　169
新しいトピックのオープニングをどうデザインするか

○クロージングをデザインする　170
クロージングの役割とは？ ／ よくあるクロージングの失敗例

○クロージングデザインの3つのポイント　173
ポイント① アクションプランを立てる ／ ポイント② 祝う ／ ポイント③ すべてを結びつける

○クロージングのデザイン例　177
参加者が主体的に行うクロージングのパターン ／ 例1：部下育成スキルについての1日研修（クロージング：20分） ／ 例2：専門性が高い知識に関する3時間研修（クロージング：7分） ／ クロージングを工夫するには？
（ワークシート8）クロージングのフレームワーク　183

2－5　研修コンテンツを作成する

○研修コンテンツ作成のプロセス　185
研修コンテンツ作成のよくある失敗 ／ 研修ンテンツ作成の3つの要素

○コンテンツは何を入れるか　187
コンテンツを決めるプロセス ／ 付箋を活用する ／ マインドマップを活用する

○コンテンツを選択する　189
取捨選択の基準① 優先順位 ／ 取捨選択の基準② 対面でしかできないことか？ ／ 取捨選択の基準③ これを学べば目的は達成されるのか？

○コンテンツ検討例　191
コンテンツの「拡散」 ／ コンテンツの「収束」
（ワークシート9）コンテンツを選択する　194

○コンテンツを時間枠に当てはめる　195
　研修デザインの基本コンセプト　／　時間配分を考える　／　コンテンツを組み
立てる　／　オープニングのコンテンツを検討する　／　クロージングのコンテン
ツを検討する

○「手法」を検討する　201
　設定した目的に合わせる　／　「選択の自由」を提供する　／　ストーリーテリン
グ　／　問いかけの質　／　積み上げて学ぶ　／　間隔を空ける

○手法のバリエーション　213
　状況別、手法の選び方

2−6　研修の運営方法を検討する

○安心して学べる学習環境をデザインする　218
　講師が発信する2つの電波

○参加者にとってのメリットを発信する　219
　この研修に、どのようなメリットがあるか　／　研修前に「研修のメリット」を
発信するには　／　研修中に「研修のメリット」を発信するには

○参加者の存在価値を高める　223
　参加者1人ひとりを尊重するために

○モチベーション高く学んでもらうための11の方法　225
　参加者のモチベーションを高める　／　（方法1）ニーズをつくり出す　／　（方
法2）自己責任を感じてもらう　／　（方法3）興味をもたせ、維持する　／　（方法
4）実生活に当てはめることができるような経験を提供する　／　（方法5）賞賛し
たり、励ましたり、認めたりする　／　（方法6）健全な競争を促進する　／　（方法
7）講師自身がワクワクしている　／　（方法8）長期的な目的を設定する　／　（方
法9）内面的なモチベーションの価値を理解する　／　（方法10）対人関係を強化す
る　／　（方法11）参加者に選択の自由を与える

2−7　研修後のフォローアップ・効果測定をデザインする

○研修後のプロセスの企画に必要な3つの視点　246
　研修をイベントで終わらせないために

○継続的な学習と成長を支援する　247
　フォローアップは「研修前」に企画する　／　研修後のフォローアップの取り組
み方　／　研修後30日で6回のリビジットをデザインする
（ワークシート10）研修後のフォローアップ：6回のリビジットをデザインする　251

○研修での学びを実践してもらうための工夫　252
　「参加者」への影響力を考慮する　／　上司の関わり方が研修の実践度を左右する
（Column）あまり協力的ではない上司を巻き込むコツ　256

○研修の評価・効果測定　257
　カークパトリックの4段階評価法　／　レベル1　反応　／　レベル2　習得　／
レベル3　行動　／　レベル4　成果　／　経営者が知りたいのは「成果」

○効果測定と研修デザイン　265
　「レベル4」から遡ってデザインする
（ワークシート11）レベル4から遡って効果測定の指標を検討する　267

2−8　資料・会場を準備する

○研修の資料を準備する　270
　スライドを印刷したものを配布することの問題点　／　スライドとワークブックの役割

○効果的なスライドを作成する　272
　スライドに入れる3つの情報　／　効果的なスライドの使い方　／　スライドデザインのポイント

○「ワークブック」を作成する　276
　ワークブックは3部構成　／　ワークブックの目的と内容
（Column）研修もペーパーレスがいい？　281

○資料以外の準備　282
　機材、備品を準備する　／　会場の準備　／　「15分ルール」
（ワークシート12）「研修準備」確認シート　287

第3章　インストラクショナルデザインの実践例

3−1　インストラクショナルデザインを実践する

○実践例①　知識付与型の研修　291
　CASE1　大月さんの「労務管理研修」　／　【ステップ1】ニーズを分析する　／　【ステップ2】参加者を分析する　／　【ステップ3】目的を設定する　／　【ステップ4】オープニングとクロージングをデザインする　／　【ステップ5】研修コンテンツを作成する　／　【ステップ6】研修の運営方法を検討する　／　【ステップ7】研修後のフォローアップ、効果測定をデザインする　／　【ステップ8】資料・会場を準備する

○実践例②　抽象的なニーズに基づく研修　303
　CASE2　対話型リーダーシップ研修／　【ステップ1】ニーズを分析する　／　【ステップ2】参加者を分析する　／　【ステップ3】目的を設定する　／　【ステップ4】オープニングとクロージングをデザインする　／　【ステップ5】研修コンテンツを作成する　／　【ステップ6】研修の運営方法を検討する　／　【ステップ7】研修後のフォローアップ、効果測定をデザインする　／　【ステップ8】資料・会場を準備する

○実践例③　課題解決型の研修　323
　CASE3　接客スキル研修　／　【ステップ1】ニーズを分析する　／　【ステップ2】参加者を分析する　／　【ステップ3】目的を設定する　／　【ステップ4】オープニングとクロージングをデザインする　／　【ステップ5】研修コンテンツを作成する　／　【ステップ6】研修の運営方法を検討する　／　【ステップ7】研修後のフォローアップ、効果測定をデザインする　／　【ステップ8】資料・会場を準備する
（Column）アクティビティの時間設定が短い理由　336

第 1 章

なぜ、研修に
インストラクショテル
デザインが必要なのか？

Instructional Design Handbook

1-1

研修の効果を高めるために必要なこと

　研修を担当する講師、または研修を企画する担当者であれば、「効果の高い研修を行いたい」と皆さん考えるはずです。しかし実際のところ、「普段行っている研修は本当に効果的なものである」と自信をもって答えられる方は、そう多くはないかもしれません。

　研修の効果を高めるためには、いったい何が必要なのでしょうか。また、効果的な研修を行うために、講師は何をすればいいのでしょうか。本書のスタートとして、まずはそうした「そもそも」の前提を検討していきたいと思います。

本項の
Key word

「参加者主体の研修」
「インストラクショナルデザイン」
「デリバリースキル」
「インストラクショナルデザインの前提」

そもそも、良い研修とはどのようなものか?

なぜ、8割の研修は実践されていないのか?

　研修は結果を出すために行うものです。

　知識のインプットやスキルの習得はゴールではなく、その知識やスキルを職場で活用し、ビジネスに何かしら貢献し、結果を出すことが、研修の最終的な目的となります。

　しかし、実際のところ、研修で「教えた」ことの何パーセントが活用されているでしょうか。

　西ミシガン大学の名誉教授Brinkerhoff博士によると、62-80%が研修後90日間、活用されないままになっているといいます。

　つまりは、**研修の62-80%は無駄になっている**のです（http://www.clomedia.com/2011/03/29/scrap-learning-and-manager-engagement/）。

　こうした無駄を減らすにはどうしたら良いかを考え、そのヒントを紹介するのが本書の目的です。

　具体的に検討していく前に、研修に対するよくある3つの誤解を、ひも解いていきたいと思います。

なぜ、研修にインストラクショナルデザインが必要なのか?

研修に対する誤解①　参加者からの評価が高い研修＝良い研修

・「とても良いお話を聞かせていただき、刺激になりました」
・「多くの気づきを得ることができました」
・「先生が素晴らしくて、感銘を受けました」
・「とても参考になる情報が多かったです」
・「とても良い内容なので、ぜひうちの上司にも受けてもらいたいです」

　研修後、参加者からこうしたコメントを受けたことはないでしょうか。また、自分自身が研修に参加した際、このような感想を抱いたことはないでしょうか。

　一見すると、多くの刺激と気づきがあり、参考にできる情報も多く、講師も好印象だったのであれば、良い研修のように思えます。

　しかし、前述の通り、研修の目的はビジネス上の成果をあげること。もし実践に結びついていないのであれば、いくら高評価であっても、効果的な研修とは言えません。

　受けた刺激や得た気づきは、時間の経過とともに記憶が薄れ、やがて消えてしまう可能性が大きいでしょう。情報や知識も同様です。

　何をいつ、どのように活用するかまで落とし込みをしておかないと、活用されないまま時間の経過とともに存在を忘れてしまう確率が高まります。

　そしてやがては、「○○という人の話を聞いたことがある。インパクトのある講師だったけれど、話の内容は残念ながら思い出せない」ということになるのです。

　研修に参加した時はやる気に満ち溢れた参加者だったのに、一過性のものになってしまうという典型的な失敗です。

　これでは、研修の本来の目的である「結果を出す」ことにたどり着けないのは、言うまでもないことです。

　つまり、**研修への評価が高いからといって、それは必ずしも「良い研修」ではない**のです。実践してもらってはじめて、「良い研修」と言える

のではないでしょうか。

研修に対する誤解②　実践するかどうかは、参加者本人次第

　このような話をすると、「講師は研修で教えることは仕事だけど、そこから先（研修後）は参加者本人次第だ」という反論を受けることがあります。
　「研修の参加者は大人だから」というのは、もっともらしくも聞こえますが、本当にそうでしょうか。

　たとえば、「うちの上司にも受けてもらいたい」という参加者からのコメントを考えてみます。
　これは、褒め言葉だと受け取ることもできますが、見方を変えると、**「研修で学んだことを実践していない・できていない上司の存在が、実践しようとした時に障害になる」**という訴えでもあります。
　「上司は研修対象者ではないから」と、障害をそのままにしておくと、実践される確率が下がるのは容易に想像できます。

　「わかる」と「できる」は違います。
　同様に、**「できる」と「実践する」も違います。**

　研修の場を「知識付与の場」と考えていると、「わかる」にはたどり着けても「できる」レベルには到達しません。
　また、研修の場で「できる」レベルにまで到達できるようになったとしても、それはビジネスの現場で「実践する」ことができるようになったという意味ではありません。

　『１分間マネジャー』（ダイヤモンド社刊）で有名なリーダーシップの大御所ケン・ブランチャード氏によると、**最も大きいギャップは「できる」と「実践する」の間にある**といいます。

Instructional Design Handbook　017

研修の目的を鑑みた時、講師は、このギャップに対して、参加者本人にすべてを任せることなく、積極的に関わる必要があるのです。

　講師は、単に情報を伝える存在ではなく、学ぶことから、実践することまでのすべてのプロセスに関与する。それが、「良い研修」を行うために必要なことではないでしょうか。

研修についての誤解③　講師は参加者に知識を提供すればいい

　講師はそのトピックについての知識が豊富であることが普通です。よって、研修は講師がもつ知識を伝える、説明する「講義」によって成り立つ場だと考えている方が多いかもしれません。

　ですが、それは料理にたとえれば、良い食材を買ってきてただ食卓に並べているだけとも言えます。

　「自分がもっている知識を誰かに伝える」という学習スタイルが生まれたのは、中世の時代、紙がまだ一般に普及していなかった頃に遡ります。ごく限られた人だけが書物にアクセスすることができた時代には、そのようにして、得た知識を書籍を読むことができない人に語り聞かせるということを行っていたのでしょう。

　これはつまり、**「講義」という手法に偏った研修は、中世の時代からあまり進化していない**とも言えます。

　現実には、時代は大きく変わっています。

　本は誰もが手軽に読めるようになりました。はたして、読めばわかる内容を伝えるだけという役割は必要でしょうか。

　また、「新聞」「雑誌」「情報誌」も当たり前に手に入りますし、かつては存在すらしなかった「インターネット」「動画」「パソコン」「携帯電話」「スマートフォン」などのツールも、学習に活かすことができるようになりました。

　eラーニングやモバイルラーニング、マイクロラーニングなどの普及が

進んでいることは、肌身で感じているのではないでしょうか。

　テクノロジーが発展し、普及すると、人の行動も変わります。
　何かを調べたり学んだりする時にインターネットを使うのは、もはや当たり前に行われていること。そこに書かれている情報が正しいかどうかという検証は必要ではありますが、何かを調べるために図書館などで本を読んだり、資料の実物を閲覧したりしていた頃よりは、便利であることは間違いありません。
「**デジタルネイティブ**」と言われる世代は、この「**わからなかったらすぐにインターネットで調べられる環境**」が当たり前の中で成長してきました。
　そのような人々が、「**自分で調べたらわかること**」を「**講師・先生の講義**」から学ぶことに、意義を感じるでしょうか。

　スマートフォンやタブレットで、短時間で、必要な情報を必要な時に入手できる。読むだけではなくて動画も豊富に存在する。
　そのような時代に、**あえて「研修」を行わなければいけない理由は何か、講師はどういう役割を果たす必要があるのか**は、あらためて考えたいところです。

　この本でご紹介するのは、「**参加者主体**」の研修手法です。
　研修を実践的な学びに結びつけられるように、**一方的な講義は最小限にし、対面の研修でしかできないことに焦点を絞って研修**を進めます。
　重要なポイントをしっかりと記憶に残し、知識やスキルが身につくようにすると同時に、**参加者自身が「やろう」という意思をもつ、参加者の主体性を引き出す**──そうした場をつくり、提供することが、講師に求められる力ではないでしょうか。

Instructional Design Handbook　019

効果的な研修とインストラクショナルデザイン

研修の効果を高めるために必要なもの

　研修は、ビジネスの一環として行う人材育成の活動である以上、「できるだけ効率よく、最大の成果を得たい」と思うのは当然のことです。忙しい中、貴重な時間を割いて参加する人にとってもそうですが、企業の経営を担う人にとっても、研修を行うからにはどのような成果が得られるかは重要なポイントです。

　前の項目では、よくある研修の誤解について、3つの例を考えてきました。

　共通して考えられるのは、**講師は、「何を話すか」は準備しているけれ**

ども、「研修の設計」つまり、「インストラクショナルデザイン」が不十分であるという点です。

　研修を行う講師には、デリバリースキルやファシリテーションスキルなど、さまざまなスキルが必要となりますが、特にインストラクショナルデザインが不足していると、自分のもっている知識を「話す」というスタイル（デリバリースキルに依存するスタイル）に終始してしまいがちです。

　一方、インストラクショナルデザインは、おもに次のことを目的にして行います。

POINT!

◎インストラクショナルデザインの目的
- 必要性を吟味し、何を習得してどのように活用し、どんな成果を出してほしいかという視点で、明確な目的を設定する。その目的と相手に合わせた研修を設計することで、研修目的の達成を可能にする
- 人がどのように学ぶかを考慮したうえで、適切な手法を使い、学んだことを長期記憶に留める
- 研修の前後を含めたプロセスとしてデザインし、実践につなげる

Instructional Design Handbook　021

インストラクショナルデザインとは

　インストラクショナルデザインとはどのようなものなのか、インストラクショナルデザインがなぜ研修に必要なのかについて、少し視点を変えて考えてみます。

　おいしい料理をつくるために必要な要素は何でしょうか。
　まず思いつくのは、良い食材です。また、料理をする人のスキルも欠かせません。
　しかし、この2つがあれば、本当においしい料理がつくれるかというと、そうではありません。
　おいしい料理には、レシピが必要です。
　並外れた腕をもった料理人が、どんな食材でも瞬間的にひらめいて、おいしい料理に仕上げられる——こういう「職人技」のようなケースであれば、レシピは必要ないかもしれませんが、それは特別な才能をもった料理人にしかできないことです。ほかの人がまねをすることも、そこから学ぶこともできません。
　これはつまり、良い食材とともにレシピがあれば、特別な才能をもっていない人でも、おいしい料理をつくれるようになるということでもあります。

　これを研修に当てはめて考えてみてください。
　まず、良い食材は研修のコンテンツです。良い研修には、参加者にとって必要かつ魅力的なコンテンツが必要です。
　ただし、コンテンツさえ良ければ良い研修になるというわけではなく、**学びの重要点を記憶に残し、確実に実践に導くための仕掛け、つまりインストラクショナルデザインが必要**です。さらに、デザインされた研修を教える講師のスキルも必要です。
　ここで、講師のその場での「職人技」に依存するのではなく、**一定の成果を出し続けるために必要な「レシピ」にあたるのが、インストラクショ**

ナルデザインです。

　インストラクショナルデザインが十分に準備されていれば、「ごく一部の特別な才能をもった人」でなくとも、一定の基準を満たした研修を行うことが可能になります。

　また、研修のゴールに到達するために、より効果的かつ効率的なデザインを作成することで、「できるだけ効率よく、最大の成果を得たい」という期待に応えることもでき、再現性もあるため、特定の人に依存することなく人材開発の取り組みを継続的に行っていくことが可能になります。

「グループワーク」や「ディスカッション」をやれば良いわけではない

　インストラクショナルデザインが重要だとお伝えすると、「グループワークやディスカッションを組み込めば、実践的で参加者の主体性を引き出せるのでは？」という意見をよくうかがいます。
　しかし、本当に参加者主体の研修を行うためには、講義の後にグループワークやディスカッションだけを行えば良いというわけではありません。**研修を、効果的なものにするためには、参加者をゴールに導く道筋をデザインするインストラクショナルデザインのスキルが必要**なのです。

　また、グループワークなどの参画を行うと、講師が場をコントロールできなくなり、研修の成果に一貫性や質が保てなくなるのではないかと不安を感じる人も少なくないようです。
　しかし実際のところは、**研修の中に適切に組み込むことができれば、場をコントロールしながらも、研修の効果を高めることも可能になる**のです。

　本書でご紹介している「参加者主体」の手法によるインストラクショナルデザインとは、**心理学や脳科学によって解明された、人がどのように学び、記憶し、学習プロセスに関与し、ほかの参加者との関わりの中でどう**

Instructional Design Handbook　023

学ぶかなどの理論に基づいたデザインを指しています。

そうした点においても、綿密なデザインをしておくことで、ただ参画させ、盛り上げるだけではなく、参加者が習得し、実践できるように導くことを可能にします。

インストラクショナルデザインと講師の役割

講師は、「教える人」ではなくて「サポートする人」

学習を取りまくテクノロジーをはじめ、私たちの「環境」が変化する中で、講師の役割も変化している、というのはすでにお伝えした通りです。

これまで当たり前に考えられてきたような、「研修当日に知識やスキルを教える」という役割に限定せず、「参加者が結果を出すことをサポートする」と捉えると、研修において何をすれば良いかを考える視点にも、大きなシフトが求められます。

「伝える人」から「ゴールへ導く人」へ

講師が、知識や経験を共有し、付与するのが研修だと捉えると、研修で講師が何を話すかが重要になります。

ですが、「結果を出す」というゴールへ導くのが研修だと捉えると、講師が何を話すかということより、**どうすれば参加者が職場に戻って実践しようと思うか、スキル習得や行動計画への落とし込み、研修後の行動変容をどうサポートするか**ということに焦点が移ります。

講師は「伝える人」ではなく、ゴールへ導く「ファシリテーター」なのです。

2-3で詳しく述べますが、研修の目的を設定する際に、知識やスキルの

習得に加え、感情面での目的も設定します。人は感情の動物ですから、正論を学べば必ず行動が変わるというわけではありません。そこには「やってみよう」という気持ちが伴う必要があります。

では、研修でどうやって「やってみよう」と思ってもらうように導けるでしょうか。

「これは役に立つのでやってみましょう」と唱えれば皆がその気になる、というほど簡単なことではないのは、講師を一度でも経験したことがあれば容易に理解いただけるでしょう。

また、研修の場と現実のギャップが大きすぎても、つまずく原因になります。

研修の場ではうまく実践できても現実には障害が多すぎて実践できない、という状況では、ゴールに到達できません。

研修での練習にいかに現実的な要素を取り入れるか、基本から応用へ段階的にスキルを積み上げていけるデザインになっているか、現実に起こり得る障害に対する対策や練習は十分かなどの観点でデザインをつくり込んでおくことでサポートしていきます。

詳しくは2-3および2-5で紹介します。

「デリバリー」重視から「デザイン」重視へ

もうひとつは、**デリバリー重視からデザイン重視へのシフト**です。

プロの研修講師であっても社内講師であっても、講師の重要なスキルとして「話し方」「わかりやすい説明」などデリバリースキルを挙げる人が多いのですが、それは講師のおもな役割を「伝える人」だと認識しているからでしょう。

くり返しになりますが、「伝える」のは役割の一部ではありますが、それが最も重要なことではありません。もしもデリバリースキルが最も重要なのであれば、デリバリーが優れている人の動画教材を作成したほうが、

Instructional Design Handbook　025

効率が良いと言えるでしょう。

　またデリバリースキルへの偏重は、言い換えると、講師の人柄やキャラクター、話術など講師の力量への依存度が高い状態です。それでは、研修の再現性は低くなります。つまり、「○○さんだからできるけど、ほかの人にはできない」研修なのです。

　その講師の価値が高いということで、一見すると良いことではないかと思うかもしれません。

　しかし、ビジネスの観点では、サスティナビリティ（持続性）がありません。

　一方、インストラクショナルデザインを考えることで、効果的に参加者を巻き込み、主体性を高めて学んでもらうことができるようになります。理解と納得を促進し、スキル習得をサポートし、アクションプランへの落とし込みへと導くことも容易になるでしょう。

　デザインのつくり込みにより、講師の力量による結果の差が小さくなります。

　ここで考えていただきたいことがあります。

　下記の【A】と【B】のうち、どちらの研修が望ましいでしょうか。

【A】コンテンツ重視で、講師の力量に頼るデリバリースキル重視の研修
【B】インストラクショナルデザインがしっかりしているため、講師の力量に頼らなくても一定の結果が出せる研修

　これは、「研修に大切なのはデリバリースキルなのか、それともインストラクショナルデザインなのか」という選択です。

　くり返しになりますが、【A】の場合、再現性や持続性がとても低いものになります。コンテンツを並べて講義を続けるだけで、参加者を魅了

し、結果を出させる講師も世の中にはいることでしょう。

　ですが、研修講師や社内講師を任された人全員が、その域に達するまでのデリバリースキルを習得するのは非常に困難だと言えます。

　向き・不向きも出てきます。努力してもあまり結果が出せず、講師としての楽しみや自信からは遠ざかってしまう人も少なくありません。

　一方で【B】は、講師への依存度が低いため、そこまでのデリバリースキルがなくても、一定の結果を出すことが期待できます。

　講師として成長過程にある人にとっても、ある程度のデリバリースキルが身についていれば結果を出すことができるので、自信にもなります。講師の醍醐味を味わう機会もあり、もっと良い結果が出せるようになりたいという良い成長サイクルに入ることも期待できます。

　講師の力量への依存度が低いため、専門性を継承していく目的で社内講師という役割を担える人が広がります。

　良いインストラクショナルデザインがあれば、デリバリースキルは不

なぜ、研修にインストラクショナルデザインが必要なのか？

Instructional Design Handbook　027

要、とまでは言いませんが、**良いインストラクショナルデザインがあった
ほうが求めている結果には近づきやすくなる**のです。

インストラクショナルデザインの前提

インストラクショナルデザインの３つの前提

　こうした意味から本書では、講師の力量に依存せず、結果を出すための
インストラクショナルデザインに焦点を当てて解説をしていきます。
　まず、ここではインストラクショナルデザインが前提としている３つの
事柄について、検討していきましょう。これらの前提を踏まえたうえで、
1-3以降で、インストラクショナルデザインのノウハウを具体的に紹介し
ていきます。

前提１　研修前後を含めたデザインにする

　研修はイベントではなくプロセスです。
　研修は、研修が始まる前にすでに始まっていて、研修が終わってから参
加者が実践して結果を出せるところまでを一連のプロセスとして考えま
す。研修をデザインする時は、常に研修の前後をデザインに含めるのです。

　インストラクショナルデザインというのは、研修の開始時間から終了時
間までの内容や時間配分のことを指すわけではなく、**研修を企画しようと
考えた時点で、どうニーズ分析を行うのかからスタート**します。
　そして、事前課題や事後課題、フォローアップについても合わせて考え
ます。
　たとえば、反転学習（説明型の講義など基本的な学習を宿題として授業前に行
い、個別指導やプロジェクト学習など知識の定着や応用力の育成に必要な学習を授業中

に行う教育方法：東京大学大学院情報学環・反転学習社会連携講座FLIT HPより引用）
を取り入れ、事前学習は行ってきていることを前提として研修をデザイン
して効率を上げるのも良いでしょう。研修が終わってからのフォローアッ
プを事前に計画し、実践して成果報告を完了するまでが研修だと予告して
始めるのも良いでしょう。

前提2　対面で行う意義のあるデザインにする

「知識を付与する」「伝える」のが研修の目的であれば、デリバリースキ
ルに優れている講師による動画やeラーニング、ウェビナーなどで十分で
す。もっと言えば、書籍でも事足りるかもしれません。
　デジタルネイティブと呼ばれる世代やミレニアル世代であれば、最近注
目を集めているモバイルラーニングやマイクロラーニングなどのほうがむ
しろ効果的なのではないでしょうか。

　モバイルラーニングとはスマートフォンやタブレットなどのデバイスを
利用した学習で、マイクロラーニングとは、細かく区切ったコンテンツを
１〜３分という短時間で学べるようにした教材を活用する学習です。
　わからないことがあったらすぐに「ググる」ということが習慣化してい
る世代には、日常の行動に合っていて抵抗が少ないためATD（Association
for Talent Development）でも注目を集めています。
　簡単につくれることで人気を集めた料理の１分間動画などもこの潮流で
しょう。

　このように、**対面で行う研修以外の方法で同等の効果が得られるのであ
れば、何もわざわざ時間と費用をかけて集合研修を行う意味はない**わけで
す。
　集合研修を行うからには、集合研修でしかできないことを行う必要があ
り、集合研修でしか得られない成果が必要なのです。

なぜ、研修にインストラクショナルデザインが必要なのか？

Instructional Design Handbook　029

集合研修でしかできないこととは、次の3つに大きく分けられます。

〈集合研修でしかできないこと〉

体験や練習	学んだ、あるいはこれから学ぶ知識やスキル、コンセプトなどをその場で体験したり、学んだスキルの練習をしたりすること （例）チームワークについて学ぶ際に、研修の場でチームワークを発揮してアクティビティを行ったり、学んだスキルを使ってロールプレイで練習したりするなど
講師との対話	講師からの問いかけに対して考え、回答し、また深堀りする問いかけがあり、考える、という講師との対話から気づきや学びを得ることや、講師からフィードバックやアドバイスを得ること
参加者同士の対話	ディスカッションやアクティビティを講師がファシリテーションし、その活動の中での参加者同士の対話を行うことで、ほかの人の発言からも気づきや学びを得たり、相乗効果で良いアイデアを生み出したりすること

前提3 参加者は大人である

企業で行う研修において、**参加者は基本的に大人**です。

子どもに対する教育ではなく、大人を対象にした研修を行うことを念頭に置き、研修デザインを検討していくことが必要です。

具体的には、以下の4つの点に考慮が必要です。

POINT!

1. 1人の人間として尊重する

- たとえ参加者が新入社員であっても、講師と参加者は上下関係ではない
- 参加者は、物理的にも心理的にも快適であることが必要
- （例）突然指名されるなど、嫌な汗をかくような緊張感や、自尊心が傷つくような体験は避ける
- 何も知識がない前提でイチからすべて講師が説明しようとせず、参加者の知識や過去の経験を尊重し、それを活かすなど、参加者がもつ豊富な経験や知識を活用できるデザインにする

2. 学習プロセスに関与してもらう

- すべてを講師が指図するのではなく、参加者に選択肢や決定権を提供する
- 参加者は「お客さま」ではないため、学習環境を良い状態に保つことに関わってもらう

3. 内容が実践的である

- 「自分自身の仕事に役に立つこと」「すぐに使えること」を学びたがっているという前提でコンテンツを検討する
- 研修参加者は、「その研修で学ぶ内容が必要な人か」を判断する

4. くり返しによって強化する

- 一度聞いただけの情報はすぐに忘れてしまうため、時間を空けて何度も復習することで、長期記憶へ定着させる支援が必要
- 覚えるのは本人の責任ということではなく、覚えやすい工夫を行うのが講師・企画側の責任である

なぜ、研修にインストラクショナルデザインが必要なのか？

Instructional Design Handbook　031

以上を前提とし、研修をデザインしていくことになります。

　しかし、実際のところ、研修を効果的にデザインすることは、そう容易なことではありません。

　次の項では、よくある研修テーマについて、インストラクショナルデザインの失敗例を見ていきます。

1-2

インストラクショナルデザインの失敗例

インストラクショナルデザインの重要性が理解できたとしても、それをすぐに実践し、効果的な研修が行えるようになるかと言うと、そうはいきません。理論を学び、実践の練習を積むことで、インストラクショナルデザインのスキルを高めることが欠かせないのです。

1-3および2章において、インストラクショナルデザインのノウハウ、スキルを具体的にご紹介していくことになりますが、まずその前に、「どういったミスに陥りやすいか」をレビューしておきたいと思います。失敗例を検討することで、どこに重点を置いてインストラクショナルデザインを考えるべきかを、明確にできるでしょう。

本項の Key word

「知識付与型の研修」
「抽象的なニーズ」
「課題解決」

Instructional Design Handbook 033

インストラクショナルデザインの失敗例①
知識付与型の研修

研修の目的は「知識付与」か？

「知識付与」が研修の目的だと考えてしまうと、「説明する」という思考になります。その代表例とも言えるインストラクショナルデザインの失敗例を紹介します。

　本来は得た知識をもとに、参加者にどのような場面でどう活用してもらいたいかまで考えてデザインするべきなのですが、その分野の専門家はどうしても「知識を持ち帰ってもらいたい」という発想から抜けられないことが多いようです。

　こうした「知識付与」を目的とした研修の何が問題なのか、CASEおよびインストラクショナルデザイン失敗例から考えてみましょう。

◎ **CASE1　労務管理研修**

　大月さんは人事部で労務管理を担当しています。同じ人事部の人材開発担当者から、新任管理職研修で、労務管理についてのコマを担当してほしいと依頼されました。

　労務管理について、管理職の皆さんに知っておいてもらいたいことはたくさんあります。また、パート・アルバイトスタッフや契約社員が多いため、雇用契約についてもしっかりと理解しておいてほしいので、引き受けることにしました。

　持ち時間は1時間半です。大月さんは内容を吟味し、トピックを2つに絞り、次のような研修をデザインしました。さて、大月さんの研修はうまくいくでしょうか。

いかにも難しそうな法律の話に、管理職の皆さんがどれくらい興味をもってくれるでしょうか。

　限られた時間の中で大月さんは多くの情報を伝えたいと思っているので、基本的には詳しく書かれた資料を渡してポイントを解説していく予定です。

　そして、最後に10分程度は皆さんからの質問に答える時間を確保しようと考えています。

〈インストラクショナルデザイン失敗例：労務管理研修〉

時間	トピック・内容	進め方
40分	**有期労働契約の締結、更新および雇止めについて** ●契約締結、更新時の注意点 ●雇止めについての考え方と注意点	●関連する法律の内容を確認する ●契約締結、更新、雇止めの判断の際に間違えやすいポイントと注意点について解説する ●裁判事例の紹介
40分	**労働時間の管理について** ●労働基準法のポイント ●ガイドラインのポイント **働き方改革と管理職の役割**	●労働基準法のポイントの再確認 ●最新情報として「労働時間の適正な把握のために使用者が講ずべき措置に関するガイドライン」を解説する ●働き方改革の取り組みにおいて、管理職に期待する役割の確認と、さまざまなケースにおける対応方法について解説
10分	質疑応答	質問に回答する

CASE1のてん末

　緊張とともに迎えた当日、大月さんはハキハキとした口調で、専門用語は使わずに話すよう心がけました。参加者の皆さんもメモを取りながら聞いてくれています。

ところが、20分が経過する頃から眠そうにしている人が目につくようになり、40分を経過する頃にはその数は増え、パソコンを開いてほかのことをする様子の方もチラホラ。
　そこで、大月さんは、「こういう言葉、聞いたことがある方はいらっしゃいますか？」「ここまでで、ご不明な点はありませんか？」と問いかけてみましたが、反応はありません。
　何とかすべての説明を終え、最終の質疑応答の時間になりました。

「では皆さまからのご質問をお願いします。どんな些細なことでも結構です」

　このように投げかけてみたものの、手は挙がりません。
　大月さんは、自分の伝えたことを理解してもらえたのかどうか、手ごたえがないまま、研修を終了しました。

インストラクショナルデザインの失敗例②
抽象的なニーズを研修に落とし込む

ビジネス上の目的を果たす研修をデザインできるか？

　続いて検討したいのは、ニーズ分析をしっかりせずに、トレンドや、経営陣の抽象度の高い要望から研修を企画してしまうパターンです。「今年の戦略や方針はこれだ」という狙いのもと、会社の戦略を参考にして研修を企画するというのは、実際に、しばしば起こることではないかと思います。

　以下に示すCASE2のような「対話を促進させる」という研修は、一見、企業文化醸成を狙った良いテーマのように感じられます。しかし、いくら素晴らしいテーマであったとしても、それが研修として効果的であるかどうかは、インストラクショナルデザイン次第と言えるでしょう。

　対象者（参加者）にその必要性が理解されなかったり、必要性を感じられなかったりというまま、研修だけを行っても、成果をあげるのは難しいのです。

　では、どうしたら良いでしょうか。
　下記の失敗例をもとに、自分なりの仮説を立ててみましょう。

◎ CASE2　対話型リーダーシップ研修

　社長は以前から人材の育成は大切だと言い続けていて、人材開発に積極的に関与してきました。人を大切にするという強い想いがあるため、毎年、社長の年頭の挨拶には人材開発のキーワードになるような言葉が含まれています。

　そのキーワードによって、その年の人材開発部の方針が決まると言

Instructional Design Handbook　037

っても過言ではありません。

　今年の社長の年頭の挨拶で使われたキーワードは「対話」でした。「トップと社員との対話」「部下と上司との対話」など、一方的な伝達ではなく「対話」を通してお互いをより理解し合うことが大切なので、管理職は「対話型のリーダーシップ」を発揮せよ、とのメッセージでした。

　そこで人材開発担当者は、今年、管理職全員を対象に「対話型リーダーシップ研修」を行うことにしました。トレンドや他社での事例などもリサーチし、次のような内容で1日研修を企画しました。

〈インストラクショナルデザイン失敗例：対話型リーダーシップ研修〉

時間	トピック・内容	進め方
60分	**リーダーシップとは** ●リーダーシップの変遷 　〜指示型から対話型へ ●リーダーシップスタイル自己分析	●さまざまなリーダーシップスタイルをその変遷とともに紹介 ●自己分析と共有
120分	**対話型リーダーシップのコミュニケーションスキル** ●傾聴 ●共感 ●問いかけ	●各スキルのポイントを解説し、ペアワークで体験練習を行う ●問いかけについては、問いの内容や質によって対話の質にどのような影響が出るかを解説し、ケースに応じた適切な問いを考えるワークを行う
120分	**対話型リーダーシップの実践** ●対話の場づくり ●対話を生むアプローチ ●ワールドカフェ体験	●対話を行う場づくりに必要なポイントを解説 ●ワールドカフェなど代表的な方法について特徴と進め方を紹介 ●ワールドカフェの体験ワーク
120分	**実践計画** ●現状の課題討議 ●実践計画作成、発表	●「対話」について各職場における現状の課題を討議し発表 ●「対話」の場をつくるための実践計画を作成し、お互いに共有する

CASE2のてん末

　自己分析や対話練習、ワールドカフェの体験などもあり、楽しそうに参加している人が大半でした。

　しかし、中にはあまり興味がなさそうな表情の人や、時折パソコンを開いてメール対応をしている人もいました。

　最後のパートで現状の課題や実践計画を話し合う際、ある参加者から「そもそもなぜこのような研修を行っているのか？　必要性は？」という趣旨の発言があり、同調する人が多く出てきました。そこで、あらためて社長の年頭の挨拶からの流れと、今回の研修の必要性について人事部が説明をする、というハプニングがありました。

　必死に説明を試みたものの、人事部の説明を聞いても納得していない様子の参加者も数名いました。

　最終的に、一通り実践計画をまとめて発表してもらうことはできましたが、グループ内のディスカッションでは、「忙しい」「こんなことに時間をかけていられない」「どうせまた一過性のものではないか」などという声もチラホラと聞こえていました。

インストラクショナルデザインの失敗例③ 現場の課題を解決する

どうしたら実践につながるか？

　研修の中には、「このテーマと言えば、こういう内容が基本的に必要」と、知らず知らずのうちに思い込んでいるものがあります。CASE3で取り上げる接客スキル研修は、そういったものの典型でしょう。

　接客スキル研修の場合、「良い接客」についての知識はあるのに、実践に結びつけられていないというニーズが多いようです。どうすれば、スキルを習得し、実践に結びつけていけるでしょうか。

Instructional Design Handbook　039

こうした研修でよく行われるのは、CASE3のように、基本知識を研修で学び直すというもの。

　しかし現実には、知識をいくら学び直したとしても、行動の変化は期待できないものです。

　もちろん、基礎的な知識やスキルが不足しているのであれば、研修で補うことに意味はあるかもしれません。しかし、実践に移せないのははたして本当に知識やスキルが不足しているからなのでしょうか。

　そういった観点を見越したインストラクショナルデザインを行うためには、何に留意する必要があるか、以下のCASEをもとに仮説を立ててみましょう。

◎ **CASE3　接客スキル研修**

　森本さんはアルバイトの採用と教育を担当しています。

　最近、お客さまからアルバイトスタッフの接客マナーに問題があるというご指摘がありました。森本さんはお客さまからのご指摘を真摯に受け止め、アルバイトスタッフ全員の接客マナー向上のために研修を企画することにしました。

　アルバイトスタッフを集めて研修をするとなると、シフトにも影響があるため、短時間で効率良く学んでもらう必要があります。

　採用時に、ビジネスマナーと接客マナーの研修を行っていますが、それ以降は研修を受ける機会はありません。お客さまへの好印象につながる接客マナーとして大切なのは、やはり、身だしなみ、言葉遣い、挨拶、第一印象という基本の徹底だろうと森本さんは考え、次のような内容で研修を企画しました。

　森本さんはアルバイト歴が長い人も、短い人も混在する中で、全員に興味をもってもらうにはどうしたら良いかを思案しています。

〈インストラクショナルデザイン失敗例：接客スキル研修〉

時間	トピック・内容	進め方
30分	**第一印象** ●第一印象の大切さ ●身だしなみ	●第一印象がビジネスに与える影響の大切さを解説し、ほんの数秒で決まると言われている第一印象を良くするためのポイントを確認 ●その場で身だしなみチェック実施
30分	**好印象につながる挨拶** ●姿勢やお辞儀 ●挨拶の言葉	●基本の姿勢やお辞儀のポイントを再確認し、実践練習 ●挨拶の言葉の発声練習
30分	**言葉遣い** ●敬語の再確認 ●よく間違える言葉遣い	●敬語の基本知識の復習 ●よく間違える使い方と正しい使い方を確認

CASE3のてん末

当日、参加者は皆、緊張した面持ちでした。

研修が始まっても、アルバイト歴が短い人は緊張が解けず、グループディスカッションでもほとんど発言できずにいる様子でした。逆にアルバイト歴の長い人は、つまらなそうに聞いている人が多いことが気になりました。

練習の際にも、アルバイト歴の長い人の中には、緊張感がなく、ため息をついたりしている人もいました。終始、「どうして今さらこんなことをやらなければいけないの？」と思っているであろう言動が見受けられました。とても気を遣いながら研修を進めたので、研修終了後、森本さんは疲れ果ててしまいました。

Instructional Design Handbook 041

3つの失敗例をレビューする

どうして失敗してしまったのか？

さて、ここまで３つの失敗例を紹介してきました。

CASE1〜CASE3は、いずれもインストラクショナルデザインに問題があった事例ですが、いったい、何が問題だったのでしょうか。

1-3および第２章を読むことで、その理由を明らかにし、第３章では、ここで見た事例の改善例を紹介していくことになります。

最初に結論を読むのではなく、自分なりに仮説をもったうえで、次の項以降を読み進めることで、より実践的なインストラクショナルデザインを身につけることができるでしょう。

次のページを使って、自分なりに３つのCASEの失敗の原因と改善のポイントについて仮説を立ててみましょう。

そして、第３章まで読み終えた時点で、あらためて見直すことをお勧めします。

Work Sheet 01
インストラクショナルデザインの失敗の原因と改善のポイントを考える

CASE1　労務管理研修

【失敗の原因】

【改善のポイント】

CASE2　対話型リーダーシップ研修

【失敗の原因】

【改善のポイント】

CASE3　接客スキル研修

【失敗の原因】

【改善のポイント】

1-3

インストラクショナルデザインの基本コンセプト

1-2では、インストラクショナルデザインの失敗例を見ていきました。どういう点が問題で、どうすれば効果的な研修ができたか、自分なりに仮説は立てられたでしょうか。

ここからは、インストラクショナルデザインの具体的なノウハウへと移っていきます。まずご紹介するのは、インストラクショナルデザインを作成していくうえで基本となる、7つのコンセプトです。

普段行っている研修とはまるで違い、戸惑う部分もあるかもしれませんが、まずは概要をつかむことを目的に読み進めていきましょう。

**本項の
Key word**

「学習の法則」
「90/20/8」
「CSR：コンテンツ、参画、リビジット」
「EAT：経験、気づき、理論」
「安心して学べる学習環境」
「学習スタイル」
「記憶のメカニズム」

基本コンセプト1
インストラクショナルデザインの基盤となる「学習の法則」

　本書で紹介するインストラクショナルデザインは、心理学や脳科学など
を基盤にしていますが、その基本的な考え方は、以下の5つの法則に集約
されます。

法則1　学習者は大きな身体をした赤ちゃんである

　子どもは、さまざまな体験を通して学んでいきますが、大きくなるにつ
れ、また大人になるとさらに、体験から学ぶ機会は減り、人の話を黙って
聞くことで学ぶように求められてしまいます。

　ですが、**大人も体験や経験から学ぶことは多い**のです。

　大人であればなおさら、これまでの経験や豊富な知識をもち合わせてい
ますので、**その経験や知識を最大限に活用して新たな学びを積み上げるの
が良い**のです。

　研修では、参加者が何も知らないことを前提に講義を始めるのではな
く、既存の知識を活用して取り組める課題から始めてみましょう。そし
て、解決できなかったことについて、講師が補足説明するという流れにす
るのです。そうすることで、「すでに知っていることを延々と聞かされる
苦痛」はなくなります。

　あるいは、理論の説明の前に、実際に体験してもらう流れにはできませ
んか？

　たとえば、コーチングスキル研修で、コーチングの目的、プロセス、必
要なスキルについてなどの講義をする前に、よくある上司と部下の対話の
シナリオを用意しておき、対話を疑似体験してもらいます。良いケースと
良くないケース両方を用意し、部下がどんな気持ちになるかを体験しても
らうのです。

その後、上司のどのような発言や態度が部下にどのような影響を与えるのかを考察し、そのうえで、自分自身の部下との対話を思い起こし、自分自身の強みや課題に気づいてもらいます。

こうした自己認識をベースとした研修を受けることで、問題意識をもって真剣に取り組む意欲が高まることが期待できます。

POINT!

◎「法則1　学習者は大きな身体をした赤ちゃんである」 実践例

- 研修トピックについてのこれまでの経験を参加者同士で共有し、そこから学び合う機会を設ける
- 研修トピックについて、研修の場で疑似体験してもらい、そこから気づきや学びを得る
  （例）良い（あるいはダメな）上司と部下の対話シナリオを用意しておき、それを感情を込めて読むことで疑似体験する　など
- ロールプレイなどを最初に行い、うまくできることと課題について自己認識してもらう
- もっている知識を活用して課題に取り組んでもらった後に、講師が解説する

法則2　人は自分が口にしたことは受け入れやすい

人から言われたことよりも、自分の考えを言葉にして発したほうが「自分事」として捉えることができます。これは、コーチングとも共通する考え方です。

研修で講師があれこれ言うことよりも、**参加者自身が考え、自分で発する言葉のほうが、「自分事」となり、研修後の行動に結びつきやすいのです。**

たとえば、プロジェクトマネジメントの研修で、「今までに関わった最高のプロジェクト」について、参加者同士で最初に共有してもらいます。

046

そこで挙がってきた「最高のプロジェクト」の要因を、研修参加者全体で共有するのです。

そこで語られることは、講師が用意している「プロジェクトマネジメントとはこうあるべき」という内容と、大きく重なるでしょう。参加者の発言を肯定しつつ、講師側が用意していた内容を補っていくのです。

参加者の言葉を最初に引き出すことなく、「べき論」を押しつけると、「現実はそんなに甘くない」などの言い訳や反論が出やすくなります。

一方、最初に自分自身が参加メンバーとして感じた、「良いプロジェクトマネジメントとは何か」を発言している場合、講師が語るプロジェクトマネジメント論がはるかに受け入れやすくなるのです。

> **POINT!**
>
> ◎「法則2　人は自分が口にしたことは受け入れやすい」　実践例
> - 学んだ内容の中から、「重要だと思ったこと」「納得したこと」「実践したいと感じたこと」などを選んで、自分の言葉で表現してもらう
> - 学んだ内容について、「なぜこれが重要なのか」「これを行うメリット」などを考えて自分の言葉で表現してもらう
> - 資料を読んで理解したことを、ほかの人に説明してもらう

法則3　習得はいかに楽しく学ぶかに比例する

　研修講師はエンターテーナーではありません。笑いをとろうと努力する必要はありませんし、盛り上がることがベストだというわけでもありません。

　しかし、**笑いは脳に好影響を与えますし、「楽しい」という感情を伴うことで、長期記憶に定着しやすくなります。**

　逆に、過度なストレス状態にあると、脳の学習能力が低下します。

　研修では、ちょっとしたゲーム感覚やユーモアをうまく取り入れ、自然な笑いが起きると理想的です。また、知的好奇心が刺激されているという意味での楽しさから生まれるエネルギーも、うまく活用したいものです。

> **POINT!**
>
> ◎「法則3　習得はいかに楽しく学ぶかに比例する」　実践例
> - 課題に取り組む際、「終わったチームは着席して良い」などというゲーム感覚のルールで早さを競ってもらう
> - 複数の課題をグループで分担する際、くじで選ぶなどして遊び心を取り入れる
> - 座席や順番を決める際に偽札トランプなど遊び心のあるグッズを活用する

法則4　行動が変わるまで学習したとは言えない

　研修のゴールは「知る」ことではなく、「知ったこと・習得したことを職場で実践すること」です。さらには、実践した結果、ビジネス上の成果を生み出すことが、最終的なゴールです。

　ですから研修では、何かを頭で理解したところで終了するのではなく、練習を重ね、成功体験を積み重ねて自信をつけてもらい、「職場に戻って早く実践したい」というモチベーションを高めた状態にまでもっていく必要があります。

　「参加者は大人なのだから、実践するかどうかは本人次第」という発言を耳にすることがあります。もっともらしく聞こえますが、講師の役割は「知識を伝えること」だけではない、というのは1-1で述べた通りです。

　習得を支援し、参加者が職場に戻ってから実践しようとする、感情的な変化を生み出すことも講師の役割です。

POINT!

◎「法則4　行動が変わるまで学習したとは言えない」　実践例
- 次のトピックに移る前に、振り返って理解の確認や整理をする時間を設け、何をどう活用するかを考え、書き出してもらう
- 研修後のフォローアップについて研修前に計画し、予告しておく
- 研修前後に上司を巻き込み、参加者が研修で学んだことを実践できるようサポートしてもらう
- 研修後の実践に際して障害になりそうなことを予測し、その対策を考えたり、練習したりしておく

法則5　くわっ、くわっ、くわっ

　鳥の親子にまつわる中国の諺からヒントを得た法則です。

Instructional Design Handbook　049

まとめると、「ママがパパに何かを教え、パパができるようになったところで終わりではない。パパがさらに子どもにそれを教え、子どもができるようになった時点で、はじめてパパは本当に習得したと言える」という内容です。
　つまり、自分が習得したことを、ほかの人に教えられるレベルになって、はじめて本当に習得したと言えるのです。
　うわべだけでの理解では、そのレベルには到底到達しませんので、いったん自分の中で咀嚼し、腹落ちさせ、さらには練習・実践して自信をつけてはじめて、ほかの人に教えられるレベルに行けるのでしょう。
　研修は、ここまでを見据えてデザインしていくものなのです。

POINT!

◎「法則5　くわっ、くわっ、くわっ」 実践例
- 理解したことを自分の言葉に置き換えてアウトプットしてもらう
- 自分が理解したことを、ほかの人に教えるとしたらどう教えるかのシミュレーションを行う

5つの法則を、研修デザインに活かすには

ここまでの5つの法則を活かした研修デザインは、次のように作成できます。

〈オープニング例〉

目安の時間	内容	該当する法則
1分	BとWの担当チームを決める（4チームであればBが2チーム、Wが2チーム）	
6分	B担当チームは「これまで受けた接客でBestな（好印象として記憶に残っている）体験」を、W担当チームは「これまで受けた接客でWorstな（良くない印象として記憶に残っている）体験」をチーム内でシェアする	【法則1】 過去の体験を今日の学びに活用することができる 【法則3】 おもしろい体験談などが聞けて楽しくディスカッションができる
5分	チーム内でシェアされた体験談からキーワードを抽出し、リーダーが全体に発表する	
（内容によって変動）	各チームからの発表を受けて、講師が用意していた「良い接客のポイント」を紹介、解説する	【法則2】 各グループからの発表の内容と講師が用意している内容には共通点があるはずなので、講師から一方的に伝えられる内容というより、自分自身の言葉で発したことを講師が肯定するという流れにできる

Instructional Design Handbook　051

〈リビジット（55ページ参照）で行うワーク例〉

目安の時間	内容	該当する法則
3分	個人ワーク 前のページで学んだ「良い接客の ポイント」について、職場に戻っ てどんなことを学んだかを同僚に 紹介するとしたら、どう紹介する か、自分の言葉で説明できるよう に準備する	【法則5】 ほかの人に教えることができるレ ベルまで、理解を深める
5分	ペアワーク 準備した説明を、お互いに相手に 紹介する。良い点、補える点がな いか、どう伝えればわかりやすい かを2人で検証する	【法則5】 ほかの人に教えることができるレ ベルまで、理解を深める

〈クロージング例〉

目安の時間	内容	該当する法則
7分	グループワーク 今日の研修での学びから、「実践し よう！」という項目をグループで 5つ決める	
3分	グループワーク 実践できているかどうかやその成 果を、今日のメンバー（1グルー プ数名）で1ヶ月後くらいにフォ ローアップし合う。そのタイミン グや方法をグループで決める （例：1ヶ月後の●月●日に皆でラ ンチをするなど）	【法則4】 やろうと思うだけではなく、こう したフォローアップの方法を具体 的に決めておくことで、実践につ なげる

基本コンセプト2 「90/20/8」
――学習に有効な時間配分

学習に適した時間配分をもとに研修を組み立てる

　研修を組み立てるうえで、とても重要なのが**時間配分**です。

　研修全体の時間はすでに決まっていることが多いかもしれませんが、**全体の時間の中でどのようなコンテンツを取り入れるのか、そのコンテンツの各トピックにはどれくらい時間をかけるのか**を考え、全体の設計図をつくっていくことになります。

　その際、何を基準に時間を決めたら良いでしょうか。

・「説明するのに必要な時間や、ワークやディスカッションに何分くらいかかりそうかを予測して積み上げていく」
・「与えられた時間に対してカバーしたいスライドの説明にかかる時間を計算し、優先順位をつけてスライドを取捨選択する」

　こうした方法をとることが多いかもしれませんが、**これらは教える側の都合**です。

　参加者主体の研修を組み立てるうえでは、そうした教える側の判断や都合ではなく、**人間の脳がどう学習に対応するかの原理原則に基づいて時間配分を決定**していきます。

脳が集中をキープできるのは「90分」まで

　運動中に休憩が必要なのと同じように、学習中の脳も休憩してリフレッシュすることが必要です。

　では、どれくらいの間隔で休憩時間をとるのが良いのでしょうか。

　脳科学的な知見からも言えることですが、**集中力をキープしてもらうた**

Instructional Design Handbook　053

めには、90分に一度休憩時間をとるのが良いでしょう。

　一度の休憩時間は10分から15分程度を目安とします。

　90分に一度休憩を入れることを基本に考えると、下記のようなデザインが考えられます。

　まずは大まかに全体の時間を配分し、休憩をとるタイミングで内容の区切りが良くなるようにコンテンツを組み立てていきます。

◎研修時間と休憩のタイミング

```
┌─────────┐      ┌─────────┐      ┌─────────┐
│ 90分研修 │ ⇒休憩⇒ │ 90分研修 │ ⇒休憩⇒ │ 90分研修 │
└─────────┘      └─────────┘      └─────────┘
└──────────────────────────┘
          3時間研修
└──────────────────────────────────────────┘
              半日（4～5時間）研修
```


2時間研修における休憩時間の考え方

　経験上、困るのが2時間の研修です。2時間という枠で行われている研修・セミナーは数多いのですが、上記の法則を当てはめようとすると、途中で1回休憩を入れる必要があるということになります。

　通常、2時間の途中で休憩を入れるのは、あまり見たことがありません。しかし、理論的にもそして経験的にも、2時間のセミナーの最後の30分は集中力が途切れる方が増えてきます。

　そこで2時間の枠の場合、担当者に理由を説明したうえで、「学習の効率を考えて90分にしましょう」と提案することをお勧めします。

　ただし、どうしてもほかとの兼ね合いなどで2時間にせざるを得ない場合は、途中で5分間の休憩をとる、もしくは、最後の30分は質疑応答や

アンケートを記入する時間にする、ここまでの内容のリビジット（**そこまでの内容をリフレクションし、重要な点を参加者が能動的に振り返ること**）やアクションプランの検討などとし、新しいコンテンツを最後に詰め込むことはないようにデザインします。

「90分」をどうデザインするか──「90/20/8」の法則

休憩から次の休憩までの90分をどう構成するか、ここでは「90/20/8」の法則を用います。

まず、大人が記憶を保持しながら話を聞くことができるのは20分です。
そのため、20分を単位として研修をデザインし、**20分おきにペースを変えたり、明らかに異なった形式にしたり**します。
また、研修でせっかく学んだことの長期記憶への移行を促すために、重要な点は何度かくり返すことがポイントなのですが、そのカギとなるのが研修デザインの「20分」という単位です。
記憶を保持しながら聞くことができるのは20分ですので、**20分ごとにリビジット**を行います。

さらには**8分ごとに参加者を研修に参画させる**ようにします。人間の脳は受け身な状態が10分以上続くと興味を失い始めるため、8分を一区切りとして話を組み立てます。
8分が経過したら情報提供をいったんやめ、参加者にそこまでの内容をリフレクションしてもらったり、自分なりにまとめたり、重要な点をくり返したり、何かしらの形で参画してもらうのです。

この考えを当てはめると、理想的な90分の構成例は56ページのようになります。
このように、20分というのをひとつの単位として研修をデザインし、さらにその20分の中に、8分ごとに参画の時間を組み込んでいきます。

なお、90分のコンテンツの具体的なデザイン例については、3-1で紹介します。

〈「90/20/8」の法則で90分を組み立てる〉

時間	トピック	時間
0分〜5分	これからの1時間半の内容のオープニング	5分間
5分〜25分	項目1 ● トピック1 ● 参画1 ● トピック2 ● 参画2（リビジット）	8分間 1分間 8分間 3分間
25分〜45分 45分〜65分 65分〜85分	項目2 項目3 項目4	上記の5分〜25分のパターンをくり返す
85分〜90分	ここまでの85分の内容のクロージング	5分間

基本コンセプト3　研修の構成 「CSR——コンテンツ・参画・リビジット」

「20分」をどのように構成するか

研修を組み立てる際には「90/20/8」の法則を用いてデザインしていきますが、その際、20分を意味のある最小単位としてデザインします。

その20分を、**コンテンツ**（情報提供など）だけで構成するのではなく、8分に1回の参加者の**参画**、20分の内

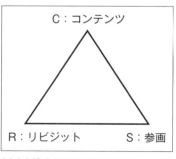

20分を構成する3つの要素

容の**リビジット**を組み込みます。

なぜ、参画やリビジットが必要なのか

8分に1回の参画や20分の内容のリビジットが必要となる理由を検討します。

次の文章を読んでください。

> 「じょうごに液体を流し込んでいる図を想像してください。速く注ぎすぎると液体は溢れてしまいます。適度なスピードで注ぐと液体をこぼさなくてすみます。もしくは定期的に注ぐのをやめ、液体が流れ落ちてから注ぎはじめるとこぼさなくてすむのです。」
> (『クリエイティブ・トレーニング・テクニック・ハンドブック 第3版』日本能率協会マネジメントセンター刊、p239-240)

この例のように、研修中、参加者の頭から情報が溢れ出していると感じる光景をよく見かけます。

相槌を打ったり、興味をもって聞いているように見えたりしたのに、いざ確認してみ

ると覚えていなかったり、簡単だと思った質問への回答がずれていたりして理解されていない。

あるいは、時間の経過とともに、眠気と戦っている人が増えていくというのも、同じ問題から発生する現象です。

情報が入りきらず、溢れているために、こうした問題が起きるのです。

こうした事態を防ぎ(溢れないようにする)、記憶に留めてもらうためにも、前述の「90/20/8」の法則が意味をもつのです。

なぜ、研修にインストラクショナルデザインが必要なのか?

Instructional Design Handbook 057

つまり、8分に1回は情報を注ぐことをやめ、液体を吸収する時間をとるのです。

　さらに、短期記憶から忘れ去られてしまわないように、20分という単位で大事な点を振り返る時間をつくります。こうすることで、情報の洪水を防ぎ、記憶の定着を図ることができるでしょう。

「90/20/8」の法則と「CSR」を組み合わせてデザインする

　「90/20/8」の法則とCSRを組み合わせると、90分間のデザインのテンプレートは次のページのようになります。

　1日研修の場合、この90分のまとまりが午前中に2つ、午後に2〜3つ入ります。

〈研修デザインテンプレート：90分〉

時間	CSR	内容
5分		オープニング
20分 △		
20分 △		
20分 △		
20分 △		
5分		クロージング

（ここまでで合計90分）

Instructional Design Handbook 059

基本コンセプト4　EAT〜研修の構成順序〜

講師は、「情報提供者」ではない

「研修参加者の知識・経験レベルがバラバラで、どこに焦点を当てて話せば良いのか困る」

　これは講師特有の悩みでしょう。
「1対多の参加者に対して行う研修では、仕方のないことだ」と半ばあきらめている方もいるかもしれませんが、現実にはそうではありません。
　これは、**「講師が情報提供する」という前提に立っている、つまり「あなたが知らないことを私が説明する役割だ」という前提に立っているから起きる悩み**です。

　講師が「情報提供する立場」で、参加者が知らないことを説明する役割であるならば、次のように感じる参加者がいるのではないでしょうか。

・「そんなこと、あなたに言われなくても知っている。あなたより私のほうが詳しい」
・「なぜ今さらこんな基本的な研修を受けなければいけないのかわからない」
・「レベルが低すぎて得るものがない」
・「落ちこぼれそうで気が重い」
・「難しくてついていけない」

　このように感じながら研修に参加しなくてはいけない参加者も気の毒ですが、「参加者の中にこのように感じている人がいるのではないか」という不安を抱えて研修を実施するのは、講師にとっても非常に大きなプレッ

シャーです。
　こうした悩みも、インストラクショナルデザインを工夫することで回避できます。

「研修は、理論から始めなければいけない」わけではない

「講師が情報を提供する」という思い込みと同様に捨てるべき思い込みがあります。それは、「研修は理論や理屈から入る」というものです。
　たとえば営業スキルに関する研修の場合、次のようなものになっていないでしょうか。

◎研修デザイン例：理論から始めるケース

①営業の基本的な流れ、ステップ、注意点などの基礎知識についての講義（理論・理屈）

②講義の途中、もしくは一通り終了した後で、参加者がそれぞれの考えや経験を話し合う

③「効果的な営業活動を行うために、自分たちが行っていきたいこと」をグループワークでまとめる、もしくはロールプレイで練習する

　研修参加者は、営業スキルについて学びに来ているのでしょうが、営業スキルについての知識が皆無であることは考えられません。
　もし営業スキル研修に参加したことがなかったり、営業担当者になるのがはじめてだったりしても、日常生活の中で自分が顧客側になり営業担当者と接したことはあるでしょう。
　このように、**参加者は何らかの知識や経験をもち合わせている**のです。
　この前提に立つと、講師が「効果的な営業とは……」と理論・理屈を解説すると、「そんなこと、言われなくても知っている」「私のほうが詳し

い」「どうして、今さらこんな基本的な研修を受けなければいけないのかわからない」などの感情が、参加者の中に生まれても不思議ではありません。

こうしたネガティブな感情が生まれると、研修で学ぶ内容が受け入れにくくなってしまいます。それでは、研修を通じて営業担当者としての行動変容を促すのが難しくなってしまうのは、明らかでしょう。

こうした研修を、効果的なものに変えられるかどうかも、インストラクショナルデザインの工夫次第です。

理論から入らない研修をデザインする〜EAT〜

理論から入らないデザインにするには、EATの順で構成します。

理論の説明の前に「経験」し、「気づき」を促し、最後に解説・補足で「理論」です。

理論から入らない「EAT」には、先に述べたようなネガティブな印象を与えないほかに、次のようなメリットがあります。

「知識も経験もまったくないケース」や「経験に危険を伴うケース」以外は、EATを取り入れることを考えてみてはいかがでしょうか。

> ### POINT!
>
> ◎ **EAT のおもなメリット**
>
> ・知識レベルがバラバラの際、底上げすることができる
> ・自身の体験をもとに説明を聞くので、納得度が高まる
> ・体験をもとに解説を聞くことで、理解度が高まる
> ・最初に体験や課題への取り組みがあるので、興味が高まったり、主体的になったり、関連づけて整理できたりする
> ・すでに知っていることの説明を聞かされるというストレスがなくなる
> ・的を絞った講義ができるので研修全体の時間短縮につながる

　EATと先に述べたCSRを組み合わせると、下記のようなデザインになります。

〈理論から入るデザイン例〉

	8分	C	●電話応対（電話を受ける際）のポイント解説
	5分	S	●電話を受けた際の挨拶と名乗り練習
20分	2分	C	●補足解説
	3分	S	●電話を受けた際の挨拶と名乗り、担当者への取り次ぎ練習
	2分	R	●振り返り

〈理論から入らないデザイン例（EAT）〉

	2分	S	●電話を受けてみる
20分	8分	C	●電話を受ける際のポイント解説
	8分	S	●できていたこと、できていなかったことを振り返り、再度練習
	2分	R	●振り返り

　なお、ここで言う「経験」には、大きく2つのパターンがあります。
　①過去の経験や知識を活用してもらう方法と②研修の場で実際に体験してもらう方法です。

Instructional Design Handbook　063

EATのパターン①　過去の経験や知識を活用してもらう

　講師からの理論の説明が最初にあると、受け身になったり、「そうとも限らない」など否定的な態度になる可能性が高まったりするのに対し、参加者の経験や知識を尊重する形になると、受け取り方はまるで違ってきます。たとえば、課題に対する答え合わせというデザインをした場合、知識をもっていれば肯定されることになりますし、たとえ間違ってしまったとしても、意外性などの感情とともに、記憶に残りやすくなるというメリットがあります。

POINT!

◎パターン①　過去の経験や知識を活用してもらう
・理論の説明の前に、説明者の過去の経験を話してもらい、それに対して補足の形で理論を説明する
・すでにもっている知識を活かして、最初に課題に取り組んでもらう

〈最初に課題に取り組んでもらうデザイン手法〉

クイズ	○×クイズ、選択肢の中から正解がどれかを考えるクイズ、オープンな質問に対して答えを考えるなど、さまざまな方法が可能。配布資料を見ずに取り組むやり方もあれば、配布資料を読んで答えを探すというやり方も考えられる
間違い探し	そのトピックについて書かれている文章を用意し、その文章の中に数ヶ所、間違った情報を入れておき、どこが間違いなのか、なぜ間違いなのか、正しくは何なのかを考えてもらう
キーワード予想	空欄を埋める形式の配布資料で、空欄に入る言葉を予想してもらい、その後で正解を示す
問題を解く	これまでに学んだことや、もっている知識を使って、課題に対する解決策を考えてもらう。これから学ぶ内容を活用することで、より良い解決方法が見つかる、という流れで納得感が高まる
ケーススタディ	説明してから問題やケーススタディに取り組んでもらうことが多いが、それを最初に行って解説するという順序にする

◎過去の経験や知識を活用した研修デザイン例　営業・販売スキル研修

①これまでに自分が何かを購入した際、「買うつもりはなかったけれども勧められて購入して、結果としてとても気に入っているもの」を思い出してもらう

②その購入体験について、「何を買ったのか」「勧めてくれた人の対応の何が良かったのか」をグループ内で共有し、その後、全体で共有する

③グループからの発表を受けて、講師が準備していた講義内容（顧客の潜在ニーズを引き出して提案することの大切さやそのプロセス、ポイントなど）を紹介する
　＊この時、グループからの意見と一致することを確認しつつ、一致しない点や抜けていた点は補足するように説明する

EATのパターン②　研修の場で実際に体験する

　基本的には、最初に課題に取り組んでもらうパターンと流れは同じですが、大きく異なるのが、その場で体験するという点です。疑似体験であっても、何かを実際に体験することで得られるインパクトはより大きくなり、話を聞くよりも、体験したことのほうが記憶に残りやすいというメリットもあります。

「学習者は大きな身体をした赤ちゃんである」という「学習の法則」（45ページ）にもあるように、大人も、子ども同様に体験から得るものは大きいのです。

　このデザインでは、頭ではわかっていても、実際に行動が伴わない、スキルの習得には至っていない場合、参加者自身がそれを自己認識することができます。「できているつもりでも実際にはできていない」ことを、他人に指摘されるのは良い気持ちがしませんが、**体験を通して自己認識できれば、受け入れやすくなる**ものです。

POINT!

◎ **パターン②　研修の場で実際に体験する**

・理論の説明の前に、研修の場でまずは体験してもらい、そこから気づきを得たり、説明へとつなげていったりする

（研修の場で実際に体験するデザイン手法）

グループワーク	グループで何かの目的を達成するワークを最初に行ってもらうデザイン。そのプロセスや達成度合いを振り返り、できていること、できていないこと、プロセスからの気づきなどを得てもらう
ロールプレイ	一般的には理論などを説明した後にロールプレイを行うことが多いが、それを最初に行ってもらうデザイン。学習前なので、うまくいかない可能性が高いため、「課題の確認」や「現状チェック」と位置づけるなど、自尊心を傷つけない配慮が必要
何かの作業を実際に行ってみる	シミュレーションや何らかの操作などを最初に行うデザイン。ケガなどの危険を伴わないことが前提。注意点はロールプレイと同じ

◎ **実際に経験する研修デザイン例　問題解決力に関する研修**

①チームでひとつの課題を解決することが求められるようなグループワークを行う

②ワーク後、自分たちの課題解決について良かった点や、うまくいかなかった点、不足していた点などを振り返る

③課題解決に必要な要素を考え、全体で共有する

④グループからの発表を受けて、講師が準備していた講義内容（問題解決に必要な要素、ポイント）を紹介する
　＊この時、グループからの意見と一致することを確認しつつ、一致しない点や抜けていた点は補足するように説明する

> **Column**

わざと失敗させる研修デザインは効果的か

「うまくいきませんでしたね。だからこの研修でしっかりと学びましょう」——最初にわざと失敗するような難易度の課題から始めるデザインは、効果的でしょうか。

「学ぶ必要性を感じるから良いのでは？」という意見もあるかもしれませんが、大人の学習という観点からは賛同できません。自尊心を傷つけてしまうためです。

体験から始めるデザインは有効です。しかし、失敗させることが目的ではありません。よって、参加者のもつ知識や過去の経験によって、課題の難易度を調整するのが、適切な進め方と言えるでしょう。

知識も経験もない場合、失敗する可能性が高まります。そうした場合は、最低限必要な知識を提供したうえで、成功体験を積み上げていくほうが学習効果は高まると考えられます。

基本コンセプト5
参加者が主体的で、安心して学べる学習環境をつくる

安心して学べる学習環境と「開放性」

安心して学べる学習環境とは、見方を変えると、**参加者同士がさまざまなことを率直に話ができるような人間関係が構築された状態**とも言えます。

心理学博士のウィル・シュッツ氏はそのような関係性を「開放性」と呼び（『すべてはあなたが選択している』、翔泳社刊、p262）、その「開放性」を構築する前段階には、「仲間性」と「支配性」があるとしています。

「仲間性」というのは、その集団に入りたいかどうか、この集団の一員で

ありたいかどうかを決めるもののことです。その決定には、「自分のことを重要な存在だと感じているかどうか」が影響を与えているといいます（同p254-255）。

　また、「支配性」は、ほかの人を支配したいのか支配したくないのか、人から支配されたいのか支配されたくないのかを決めるもののことです。

　この考えを研修に当てはめて考えてみましょう。
「安心して学べる学習環境」をつくるためには、**研修に参加する人が、自分が重要な存在だと感じられ、「その場にいたい」と思い、さらに、権限や責任のバランスがとれている状態をつくる必要がある**ということになります。

　こうした条件がそろってはじめて、参加者同士、さまざまなことを率直に話ができるような人間関係（開放性）をつくることが可能になるのです。

　これは経験的にも理解できることではないでしょうか。

　たとえば自分の存在や発言が受け入れられなかったり、軽視されたりするのではないかという不安があると、発言をしなくなったり、他人と距離を置くこともあるでしょう。

　一方で、受け入れられたい気持ちが強いと、どんな場面でも積極的になり、その気持ちが強すぎると威圧的な行動をとったりする人もいるのです。

　なお、参加者が安心して学べる学習環境をつくるうえでは、**①選択権・決定権**、**②全員の巻き込み**の２つがポイントとなります。

ポイント①　選択権・決定権

　研修が終了すると参加者は職場に戻ります。ほとんどの場合、そこには研修を担当した講師はもういません。助けてくれる講師はいませんので、参加者は自力で研修での学びを実践していかなければならないのです。

　また、「実践しなさい」などと強制されることもありませんので、「実践しよう」という気持ちを持続させ、主体性をもって行動してもらう必要が

あるのです。

　研修後にこのような状態をつくりたければ、研修中から参加者には主体性を発揮してもらったほうが良いでしょう。

　ですが、よく見る研修の光景は少し違っているかもしれません。

「○○をしましょう、○○してください」
「この順序でお願いします」
「この通りやってみてください」
「指示があるまで開かないでください」
「○○さんは○番をやってください」
「目標は○○です。がんばりましょう」

　このように、講師から参加者への指示の嵐になっていないでしょうか。

　研修中に人から指図を受ける状態が続くと、参加者は受け身の姿勢で学ぶことになってしまいます。研修中は受け身の姿勢を求め、研修終了と同時に主体的に学びを実践してもらうことを期待するというのは矛盾しています。

　そこで参加者には、**研修中から主体的に学んでもらい、研修後もそれを持続できるように導きます。**そのためには、**参加者は自分の学習プロセスについて選択権や決定権をもっている**ことが必要なのです。

　そういう意味でも、**参加者ができることを、講師は行わない**ことが大切です。
　たとえば、次のようなことはすべて参加者に行ってもらいます。

nstructional Design Handbook　069

◎参加者にやってもらうこと（講師は行わないこと）

○座席を選ぶ
（例）「同じ部署の人とは離れて座ってください」など、意図を説明したうえで依頼する

○場所や道具などを選ぶ
（例）どのボードを使うか、サインペンは何色を使うか、何色の付箋を使うかなど、些細なことでも自由に選んでもらう

○役割を選ぶ
（例）「リーダー」「タイムキーパー」「書記」などの役割は固定せずランダムにローテーションする

○ペアワークの相手を選ぶ
（例）「普段、接点のない人と組んでください」「今日まだ会話していない人と組んでください」「ここは深めてもらいたいので、業務内容がわかる人と組んでください」など、意図を伝えて自由に組んでもらう

○取り組む課題、取り組む順序を選ぶ
（例）ロールプレイ、ケーススタディ、演習問題などは複数用意し、どれに取り組むか、どんな順序で取り組むかを決めてもらう

○研修後に実践することを自分で考えて決める
（例）「どの部分をいつ、どこで活用するか」を参加者自身に決めてもらう

○発表する順番を選ぶ
（例）講師が発表の順番を指定するのではなく、参加者に主体的に決めてもらう
（例）「最初に発表してくれるチームは？」と問いかけた後、なかなか手が挙がらない場合は、「考えたことをほかのチームに言われる前に言ったほうが楽ですよ」などと促す

ポイント②　全員の巻き込み

　参加者に、自分のことが「重要な存在」だと感じてもらうために、とても大切なのは、一部の人だけが積極的だったり、仕切ったりするのではな

く、参加者全員が平等に学びのプロセスに関わっている状況を保つことです。

　講師と参加者１人ひとりの１対１の対話によって成り立たせるのではなく、全員を巻き込むことが大切なのです。

　また、リーダーシップを発揮しているように見える一部の人だけが重要な存在で、あまり発言しない人は、存在価値が薄いということではありません。

　全員に、自分は大切な存在だと感じてもらえるようにするのです。

　全員が平等に学びのプロセスに関わっている状況をつくるうえでのポイントとして、発言の機会を平等にする工夫とメンバーを固定しない工夫をまとめます。

◎全員が平等に学びのプロセスに関わっている状況をつくる工夫

○話す前に個人で考える時間をとる
（例）学習スタイル（72ページ）の差を考慮し、ディスカッションやグループワークの前に、個人で考えをまとめる時間（考えた内容を付箋に書き出すなど）をとる

○リーダーを決める
（例）リーダーは固定せず常に交代させる

○発言を制限する
（例）「１人30秒」「１人ひとつずつ」など、発言時間、発言量を制限する

○道具を使う
（例）道具が全員に行き届くようにしたり（５人グループの場合、ペンは最低５本など）、発言者は何かもつなどの工夫をしたりする

Instructional Design Handbook　071

基本コンセプト6　学習スタイル

学習スタイルとは

　食べ物をひとつとっても、1人ひとりさまざまな好き嫌いがありますが、**学び方にも好み（学習スタイル）があります。**
　あくまでも好みであり、「良い・悪い」ということではありません。
　学びを促す存在である講師・インストラクターとしては、さまざまな学習スタイルを理解し、それぞれの参加者のスタイルを尊重することが大切です。

　以前ある研修での休憩時間に、こんな出来事がありました。
　参加者のテーブルの上に、自由に食べて良いお菓子が置いてあったのですが、その中にイタリア製のクッキーがありました。参加者の1人が、そのパッケージに書かれている情報を読んでいたのですが、読みながらスマートフォンを取り出して、何やら検索を始めたのです。
　思わず声をかけました。

「何を調べてるんですか？」
「あ、ここに書いてある地名が、どこかなぁって気になって……」

　特にイタリアに強い興味をもっているとか、お菓子関係の業界だとか、そういうことではなく、何となく気になったから調べてみたというのです。
　その答えを聞いた時、「この人はきっと情報タイプ」（74ページ）だと思いました。
　情報タイプの人は、自分が知らないことを知ることが楽しいと感じ、学ぶ意欲になるタイプです。
　一方で、私（中村）は実践タイプなので、自分の仕事に役立つ、実践的

なことを学びたいという意欲が高いので、お菓子のパッケージに書かれている情報など自分の業務と無縁そうなことにあまり興味をもちません。

　以下では、Personal Learning Insights Prof leという学習スタイルの分類方法を紹介します。
　3つの観点からスタイルを分類します。

POINT!

◎学習スタイルの分類
　①情報の構築──具体的タイプ、大枠タイプ
　②何を学ぶか──情報タイプ、実践タイプ
　③学習プロセス──参画タイプ、考察タイプ

学習スタイルの分類①　情報の構築

　まずは情報の構築についてです。
　何か新しいことを学ぶ際に、その情報がどのように構築されているのが好きかという点に関して、「具体的タイプ」と「大枠タイプ」があります。

具体的タイプ	・情報が系統立って構成されているほうが受け取りやすい ・ロジックツリーのように整理分類されていて、どういう順序でどう進んでいくかが見える形になっているほうが安心して学べる
大枠タイプ	・ざっくりと全体像をつかんで、自分の必要な情報を好きなようにアレンジするのを好む ・細かく順序立てて指示されると窮屈に感じる

Instructional Design Handbook　073

> **POINT!**
>
> ◎「具体的タイプ」と「大枠タイプ」の違い
> - 研修内容（アジェンダ）を紹介する際、具体的タイプの人には細かく提示し、今どこなのかを常にわかるようにしておくと安心につながる。大枠タイプの人はアジェンダが細かすぎると窮屈に感じたり、提示されても気にしていなかったりする
> - ワークの指示を出す時に、具体的タイプの人は、進め方、時間配分、順序、役割分担、求めるアウトプットなど、細かい指示があったほうがスムーズに動いてくれる。一方で大枠タイプの人は細かい指示は窮屈に感じたり、指示とは異なる方法で進めたり、意外なアウトプットが出てきたりする
>
> ▼
>
> （対策）
> ・自分のタイプを認識し、自分のタイプに寄りすぎていないかを検証する
> ・常に中間でバランスを保つ

学習スタイルの分類②　何を学ぶか

　何を学ぶかという点について、「情報タイプ」と「実践タイプ」の2つに分類できます。

情報タイプ	・新しい情報を得ること自体が楽しいと感じる ・自分が知らないことを知る、ということに楽しみがある
実践タイプ	・自分に役立つこと、すぐに活用できることを学びたい気持ちが強い

POINT!

◎「情報タイプ」と「実践タイプ」の違い

● 情報タイプの人は経験談、エピソード、裏話などにも興味を示すが、実践タイプの人はそうした話が多すぎると無駄であると感じる

▼

（対策）

・研修は限られた時間の中で行うので、実践的な内容に焦点を当てざるを得ないけれども、時には情報タイプの好奇心を刺激するような場面も必要

・補足情報などをワークブックには掲載しておき、読みたい人は読めるようにしておく

・参考図書、参考情報など、さらに知りたい人はどこにアクセスすれば良いかを提示する

学習スタイルの分類③　学習プロセス

　学習のプロセスに関しては、「参画タイプ」と「考察タイプ」があります。

参画タイプ	・人との関わりの中で学ぶことを好む ・対話の中で頭の整理ができたり、アイデアが浮かんだり、腑に落ちたりすることが多い
考察タイプ	・受け取った情報をいったん自分1人で考える時間を必要とする ・ディスカッションなどを行う前に、まずは静かに自分の中で整理をする時間を要する

なぜ、研修にインストラクショナルデザインが必要なのか？

Instructional Design Handbook　075

POINT!

◎「参画タイプ」と「考察タイプ」の違い

- 考察タイプの人は考える時間を必要とするため、すぐに発言しない傾向がある。その間に、参画タイプの人がどんどん発言して話が進んでいくと、考察タイプの参加者は「発言が少ない＝積極的ではない」という印象をもたれてしまったり、参加者自身がストレスを感じてしまう可能性もある
- 参画タイプの人にとっては、講師の一方的な講義を聞き続けることはストレスで、知識の整理ができず、思考を発展させることができないこともある
- 参画タイプの人が多い時は、「盛り上がる」けれども、考察タイプの人が多い時は静かでリアクションがないように感じることもある

▼

（対策）
- ・個人で考え、書き出す時間を設けたのちにディスカッションするのを基本の流れとする
- ・ペア、3人、4人〜6人と話すグループの人数を変えて運営する。常にペアだと1人で考える時間が少なくなり、考察タイプにはストレスがかかる（4人〜6人のディスカッションだと、ほかの人が話している間に考えることが可能）。一方、参画タイプの人は常に4〜6人だと話す機会が少なくなるので、ペアワークも織り交ぜる

学習スタイルを研修デザインに活かすには

　参加者がどの学習スタイルをもっているのか、事前に知ることができたら準備できるかもしれません。

　ですが、現実には参加者のタイプを事前に知ることはできないでしょうし、知れたとしても、おそらくバラバラなので、**特定のタイプに合わせたデザインを用意することも難しい**のです。では、どうしたら良いでしょうか。

前提として、「今日は全員が大枠タイプだ」というようなことは、まずありません。つまり、**いつも、どの項目に関しても、両方のタイプが存在するという前提に立って、どちらのニーズにもある程度合うように準備する**必要があります。

ポイントは次の2つです。

POINT!

◎学習スタイルを研修に活かす

ポイント①　講師が自分のタイプを把握しておき、自分の好みに偏らないようにする

　自分が学びやすいからといって、参加者もそうだというわけではないため、自分のタイプを把握し、無意識のうちにそちらに寄ったデザインやファシリテーションにならないよう準備する

ポイント②　当日の様子から推し量る

　参加者が話をしたいタイプ（参画タイプ）かじっくり考えたいタイプ（考察タイプ）かは、当日の参加者の様子から推し量ることができることも多い。

　たとえば、考察タイプが多いようなら、ディスカッションの時間の前の個人で考えをまとめる時間をやや長めにとる、個人でリフレクションした後にシェアする時間を毎回はとらないなど当日の微調整でも対応可能。また、ワークのプロセスを説明した際、「順番はどう決める？」「発表の時間は？」など細かい確認の質問が多いようであれば、具体的タイプであるというサイン。具体的タイプの参加者が多い場合は、自分の指示をいつもより細かくするなどの対応をとる

Instructional Design Handbook　077

基本コンセプト7　記憶のメカニズム

「記憶」に関する7つのポイント

　基本コンセプトの最後にご紹介するのは、「記憶のメカニズム」です。
　研修の目的は、ビジネスの現場で実践し、成果をあげることですが、そもそも記憶に残らなければ、実践することも、ましてや成果をあげることも難しいでしょう。
　ここでは、7つのポイントについて考えていきます。

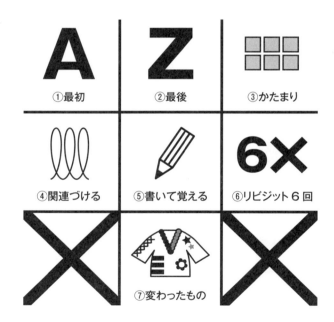

ポイント① 最初

　人は最初に触れた情報を一番良く覚えています。研修でいうとオープニングです。

　研修のオープニング、その最初に講師が何を言うか、何をするかが参加者の記憶に残るのです。ですから、事務連絡や講師の自己紹介などで始めることはやめましょう（詳しくは2-4で検討します）。

ポイント② 最後

　人は最後に触れた情報を、２番目に良く覚えています。研修ではクロージングです。

　研修の最後の最後に講師が何を言うか、何をするかも参加者の記憶に残ります。ですので、アンケートや事務連絡で終了したりせず、インパクトのあるメッセージで終了しましょう（詳しくは2-4で検討します）。

ポイント③ かたまり

　一度に吸収できる情報量には限界があります。
「マジカルナンバー７」と言われるように、**人間が一度に記憶できるのは、「７±２」の情報**です。

　たとえば、無意味な数字の連続はとても覚えにくいものです。14桁となると到底覚えきれません。ですが、５桁、５桁、４桁というように区切られていると覚えやすくなります。クレジットカードの番号などをイメージしていただくと、実感がわくのではないでしょうか。

　この「７±２」の法則を用いて、一度に提供する情報は、最大９つまでとします。それ以上になる場合には、いったんやめて、参加者が吸収する時間をとってから続けるように分割します。

　具体的にコンテンツを設計する際は、20分という単位で研修をデザインしていきますが、20分の単位の中に重要な事柄として持ち帰ってもら

Instructional Design Handbook　079

う情報を9つ以内にします。

　たとえば、クレーム対応の際に注意するポイントが14点あるとしましょう。その14点を30分かけて解説してからスキルの練習を行うのでは、9つを超えたポイントは記憶されていない可能性が高いでしょう。

　そうではなくて、たとえば最初の20分では7つの解説と練習に留め、次の20分で後半の7つを取り上げるといったイメージです。

ポイント④　関連づける

　脈絡のない情報をただやみくもに覚えるより、関連づけられた情報のほうが覚えやすいものです。参加者がすでにもっている知識と関連づけて整理できるよう工夫しましょう。

　たとえば、「日本にある都道府県名を50音順に言ってみましょう」と言われたら、すらすらと出てくるでしょうか。愛知、青森、秋田、茨城……と、すらすら言える方は少ないかもしれません。では、都道府県名を、何も書かれていない地図を目の前に置いて、北から順番に言ってみるというのであれば、どうでしょうか。おそらく、地図を目の前に置いて、場所と関連づけながらのほうが言いやすいのではないでしょうか。

　このように、すでにもっている知識とどうつながるか、関連づけが明確になると記憶に定着しやすくなるのです。

　また、歴史の年号を覚えた時のように、語呂合わせなどで一見バラバラに見える情報を覚えやすくするのも効果的でしょう。

ポイント⑤　書いて覚える

　読んだり聞いたりした情報よりも、自分で手書きをした情報のほうが記憶に残ります。
　研修で配布するテキストはキーワードを空欄にしておいて、穴埋めをしてもらったり、重要な点や自分なりのまとめや活用方法を書き出してもらったりするなど、書く動作を組み込めるようにデザインします。

ポイント⑥　リビジット6回

　1880年代に、ハーマン・エビングハウス氏は、1回しか出てこなかった内容は、30日後には10％しか覚えていないという事実を発見しました。
　約100年後、アルバート・メラビアン氏は著書『Silent　Messages』の中で、興味をそそられる情報を紹介しています。リサーチの結果、1回しか出てこなかった内容は、30日後には10％以下しか覚えていないという事実を発見しました（エビングハウス氏と同じ意見）。しかし、出てきた内容を間隔を空けながらくり返した場合、30日後に90％以上も覚えている

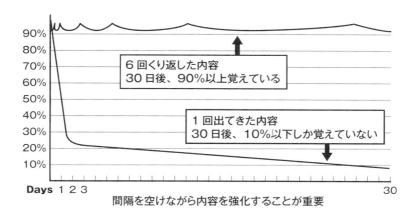

エビングハウスの忘却曲線

というのです。

　間隔を空けながらくり返すとは、1回出てきた内容を10分後、1時間後、3日後、1週間後、2週間後、3週間後にレビューするということです。言い換えると、それぞれのレビューの間に間隔を空けているということなのです。

　これは研修後の30日間に「6回リビジット」することで、長期記憶への定着をサポートするという考え方に応用できますが、研修中にリビジットすることに意味がないということではありません。
　研修中にも、大事な点、記憶に留めてほしいポイントは、一度ではなく何度かくり返しましょう。くり返すことは記憶への定着をサポートします。

　とはいえ、同じ情報を同じ言葉で講師が何度もくり返すのは、あまり意味がありません。方法を変えて同じ情報に触れるようにするのです。

　たとえば以下のような方法がお勧めです。

◎**効果的なくり返し方（例）**
　・講師からの説明の後に確認クイズがある
　・講師からの説明の前に予測クイズがある
　・参加者が理解したことを参加者の言葉で表現して誰かに伝える
　・研修内容をリフレクションし、要点をまとめる
　・学んだ内容を活用して課題に取り組む

ポイント⑦　変わったもの

　普段の生活の中でも、抜きんでていてユニークなものや奇抜なものは記憶に残りやすいものです。つまり、意外性のあるものは記憶に残りやすい

のです。

　何かのデータを聞いた際、「え？　そんなに少ないの？」と驚いたとしたら、その数字は後日でも覚えている可能性は高まります。また、聞いている人がハラハラするような展開の体験談も印象に残るでしょう。

　そこで、覚えておいてもらいたい重要なポイントを解説する際、根拠となる意外性のある数字を紹介したり、エピソードや体験談に意外な展開が含まれているものを選んだりするといった活用方法が考えられます。

基本コンセプトをデザインに活かす

インストラクショナルデザインの８つのステップ

　次の章からは、実際にインストラクショナルデザインのプロセスを詳しく解説していきます。

　ただ、「研修をデザインする」と言っても、研修開始時刻から終了時刻までのデザインだけを行うわけではありません。「研修はイベントではなくプロセス」ですので、研修前、研修後も含めたデザインを行います。

　インストラクショナルデザインは次のページの８つのステップで進めます。

　詳細は、第２章で検討しましょう。

〈インストラクショナルデザインの8つのステップ〉

1. ニーズを分析する	今、解決しようとしている課題は何なのか、誰にどのようなニーズがあるのかを分析する
2. 参加者を分析する	対象として考えられている研修参加者はどのような人たちなのかを分析する
3. 目的を設定する	研修を行うことによって達成したい目的を明確にする
4. オープニングとクロージングをデザインする	記憶のメカニズム上、特に重要な、オープニングとクロージングをどのように進めるかを検討する
5. 研修コンテンツを作成する	目的を達成するために必要なコンテンツを決め、デザインの法則にのっとって研修を組み立てる
6. 研修の運営方法を検討する	参加者にモチベーション高く参加してもらうためにどのような工夫をするかを計画する
7. 研修後のフォローアップ・効果測定をデザインする	研修終了後のフォローアップについて、内容やタイミング、誰をどう巻き込むかなどを企画する
8. 資料・会場を準備する	配布教材やスライドを作成し、備品などを準備し、会場設営を行う

第 2 章

インストラクショナル デザインの8つのステップ

Instructional Design Handbook

2-1

ニーズを分析する

　第２章では、インストラクショナルデザインについて、８つのステップに分けて検討していくことになります。

　最初に検討していくのは、研修の「ニーズ」です。

　商品・サービスの開発は顧客のニーズを探ることから始めるというのは、マーケティングの常識と言えます。研修も同様の発想で、まずはニーズ分析からデザインを始めていくことになりますが、特に注意したいのは、「誰の」ニーズを、「どのように」分析するかという点です。

　ワークシートで手を動かしながら、検討していきましょう。

本項の Key word

「ニーズ分析の２つの原則」
「送られる人」「送る人」「払う人」
「調査方法」
「分析のフレームワーク」

ニーズ分析の2つの原則

参加者本人への調査の限界

◎ CASE　人材開発の体系化に向けたニーズ調査

　あるIT企業で働く高橋さんは、ずっと採用を担当してきましたが、今年から人材育成の担当に異動になりました。この会社は急成長を続けており、社員数が過去3年で2倍になりました。

　これまで、人材開発は体系的にできていなかったのですが、社員数も増えたことから、そろそろしっかりと体系化しようということで高橋さんが抜擢され、担当になりました。

　社員の育成という大切なミッションを任された高橋さんは、意欲に満ち溢れています。人材開発の仕事を通して組織力を高め、ビジネスに貢献したいと考えていました。そのためには、社員の皆がもっとスキルを高め、やりがいを感じながら、より大きな成果を生み出してくれるようにするのが自分のミッションだと心得ています。

　体系化を目指す第1歩として、高橋さんはまずどんなニーズがあるのかを把握したいと考え、アンケートを行うことにしました。社員全員に、今の業務や今後のキャリアを考えた時に、どんな知識やスキルを身につけたいと思っているかを聞き、まずはその集計結果をベースに初年度の計画を立てていく考えです。

さて、このCASEは、うまくいくでしょうか。
ニーズ分析の具体的な手法に移る前に、検討していきたいと思います。
このCASEの良い点は、**社員の生の声を吸い上げて計画をつくる点で**

Instructional Design Handbook　087

す。社員のニーズに応えることができ、納得度を高められたり、計画を実行する段階になった際に賛同を得やすかったりするでしょう。

ですが、ニーズを聞くのは社員本人だけで良いでしょうか。

自分自身の育成ニーズについて、社員本人が現状の業務を行う中で不足していると感じている知識やスキルなど、「本人だからこそ見えていること」はもちろんあります。しかし、本人は気づいていないこともあるでしょう。

何か新しいスポーツ（たとえばカーリング）に挑戦するような場面を考えてみます。

カーリングを見たことはあってもやったことはないという場合、見て感じたことと自分の体力のギャップを認識し、「腕を鍛える必要がありそうだな」などとイメージできることもあるでしょう。

しかし、具体的にどんな技術をどういう段階を踏んで身につけていくべきなのかは、なかなか自分ではわかりにくいものです。コーチに上達までの道筋や、練習方法などを提案してもらう必要があります。

ここに、**研修参加者本人のみに対して行うニーズ分析の限界**があります。

ニーズ分析に必要な視点

冒頭のCASEにおいて、アンケート調査の結果、学びたいという声が最も多かったのが、英語や中国語をはじめとした語学でした。マーケットのグローバル化が加速していて、日本語だけでは対応しきれないケースが増えていること、今後もその傾向が続くことは容易に予測できることから、語学力を高めたいという声が多く集まりました。

次に多かったのが、顧客対応力を高めるためのスキルで、クレーム対応、提案力などが挙げられました。

では、参加者の要望に応じて、語学研修、クレーム対応研修、提案力を高める研修の３点に焦点を当てるべきでしょうか。

たとえば語学力については、現在その業務を担当している人が語学力を

高めていくのが良いのか、それとも近い将来利用可能になるAIによる自動翻訳などのテクノロジーまで視野に入れて別の方法で対応することを検討するのが良いのか、あるいは、すでに語学力をもっている人材を採用・登用するのが良いのかといったように、ほかにも選択肢は考えられるでしょう。

　また、クレーム対応は、そもそもクレームが起きないように真因を追求し、必要に応じて業務プロセスを改善するなどの対策が必要かもしれません。

　３つめの「提案力」も、部下のクリエイティビティを伸ばせるよう、上司のコーチングや支援は適切なものか、意思決定のプロセスが煩雑すぎて良い提案が途中でつぶれてしまうような組織になっていないかなどの検討も必要です。

　組織における人材開発のニーズ分析のためには、「社員本人が現状の業務を行うにあたって不足していると感じている知識やスキル」は必要ですが、それだけでは十分ではありません。

　加えて、以下のような視点が必要です。

◎**ニーズ分析に必要な視点**
- 組織が求めている人材像
- 各職務に必要な知識やスキル
- 組織力を高めるために新規に開発したい、あるいは強化したい知識やスキル
- 今後のビジネスの展開を見据え、必要になる知識やスキル
- 顧客などステークホルダーが求めること
- 他社との差別化を図り、競争優位性を高めるために必要なこと

これらの情報は、業務を行っている本人が必ずしも認識しているとは限りません。その人の上司や、もっと上の上司、あるいは会社の経営層しかもたないような情報や、社外へのリサーチが必要な情報もあるでしょう。

　こうした視点から、ニーズ分析のための調査対象、方法を考えます。

Instructional Design Handbook　089

ニーズ分析の２つの原則

　これまでに見てきた通り、社員本人のニーズを調査するだけでは偏りが出るリスクが高まります。よって、ニーズ調査は次の原則に従って行います。

　具体的にどのようにニーズ分析を行っていけばいいのか、以下で紹介していきます。

> **POINT!**
>
> **◎ニーズ分析の２つの原則**
>
> 　原則１：調査対象
> 　「本人のほかに、少なくとも２人以上の対象を設ける」
>
> 　原則２：調査方法
> 　「同じ調査方法をくり返すのではなく、同じ状況について異なる手法
> 　を用いて調査・分析する」

調査対象

誰のニーズを調査するか？

　次のページのような、３本脚の椅子を見たことはありますか。

　脚が１本や２本では椅子として成立しません。最低でも３本の脚が必要となります。

　研修のニーズ分析も同様に最低限３つのグループの調査対象が必要です。

　具体的には、**「送られる人」「送る人」「払う人」** の３つです。

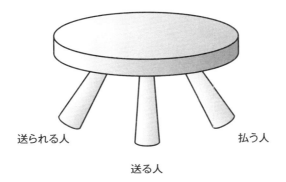

送られる人　　　　　　　払う人
　　　　　送る人

「送られる人」「送る人」「払う人」

「送られる人」というのは、**研修に送られる人**、つまり、**参加者**です。
「送る人」は**参加者の上司**。
「払う人」は研修費用を負担する人ですので、**予算についての権限をもつ人**です。組織のしくみや規模にもよりますが、部門長、事業部長、あるいは社長という場合もあるでしょう。

　冒頭のCASEでは、「送られる人」のニーズ分析しか行っていませんでした。椅子にたとえると、脚が1本しかない状態で座ろうとしていたことになります。これではとても安定した椅子とは言えませんし、研修も真に効果的なものになるとは言えないでしょう。
　椅子として安定させる、つまり効果的な研修を行うためには、「送る人」と「払う人」のニーズ調査も必要です。

　CASEのように人材開発の体系化を行う場合だけではなく、新任マネジャーなど、特定の研修のニーズを分析する時も同様に「送る人」「送られる人」「払う人」への調査が必要です。
　また、研修内容や対象者によっては、この3つのグループ以外にも調査が必要な場合もあります。**研修参加者の部下、同じチームのメンバー、他**

Instructional Design Handbook　091

部署のメンバー、顧客などのステークホルダーが考えられます。

　たとえば、課長対象の研修を考えている場合、調査は、本人だけではなく、その1ランク上と1ランク下、つまり、部長と部下にも行うことになります。

調査方法

調査が必要な情報とは？

　調査対象の次は、調査方法について考えていきます。

　具体的な方法を検討する前に、ニーズ分析をするにあたり、どのような情報が必要なのかを考えます。

　必要な情報としては、下記のようなものが挙げられます。

◎**調査が必要な情報**

● 組織として求めている成果と、その成果を出すために必要な「能力」とは？

● その「能力」を身につけて発揮すべき人（研修対象者）は誰？（階層、役割、部署など）

● その「能力」について、求められているレベルと現状ではどのようなギャップがどれくらいある？

● ギャップがあることによって、何が起きている？

● ギャップを埋めるために学ぶべきこと、身につけるべきスキルや必要な行動変容は何？

● この施策に対して賛同は得られそうか？　反対や抵抗があるとしたらどのようなものか？　またその対策は？

● 求められている成果を出すことで、ほかに影響を受ける人はいないか？いるとしたら、必要な対策は何かあるか？（たとえば新入社員研修で学ぶ内

容について受け入れ側の部署・上司に賛同を得る必要があるか？ 部下育成スキルを上司が学ぶことで、部下にも影響があるが、部下に対して何か情報提供などは必要か？）
- どのような制約事項があるか？（予算、時間、期限、など）

代表的な調査方法

これらの情報を得るための調査方法として、代表的なものを次のページの表にまとめます。

〈代表的な調査方法〉

	実施方法	メリット	デメリット
アンケート	質問を設定し、対象者に回答してもらう	●回答しやすい ●大量のデータを効率良く収集・分析できる	●深掘りすることが難しい ●言葉のニュアンスや意図の確認などができない
ヒアリング	対面で質問し、回答してもらう	●追加質問ができるので深堀りすることができる ●用意した質問内容以外にも発見が得られる可能性がある	●時間がかかる ●数多くの回答を得ることが難しい ●回答者の主観が入る
フォーカスグループインタビュー	目的に対する情報を収集するために集められた対象グループに行うインタビュー	●複数のメンバーで対話形式で行うことによって、考えが深堀りされたり、発展したりする効果が期待できる	●ファシリテーターのスキルを要する ●集まった情報を分析、集約するのにも時間とスキルが必要
観察	対象者が実際に業務を行っている場所に行って、その様子を観察する	●現実の業務の様子を誰のフィルターも通さずに見ることができる ●顧客や同僚など関わる相手の様子も見ることができる	●訪問する必要があるため、物理的な制約（時間、費用など）がある ●観察者が業務内容や状況などを的確に把握する必要性がある
データ分析	顧客アンケート、社員満足度調査、業績評価、人事考課、試験結果などから関係するデータを抽出し、分析する	●客観的な分析が可能	●起きている事象に対して、理由や具体例などの情報が不足しがち ●データが不足している場合、あらためて収集する必要がある
ステークホルダー会議	ステークホルダー（「払う人」など関係各位）を集めて全員でニーズについてディスカッションを行い、その場で方向性を決定する	●経営陣など上層部を招待してニーズを聞くことができる ●一堂に会して議論し決定するので、決定後に「払う人」側から異論を唱える人が出ない	●この会議の必要性に賛同を得ることが困難な場合がある ●ファシリテーターに高いスキルが必要

調査の実施例

　調査は、**原則2「同じ調査方法をくり返すのではなく、同じ状況について異なる手法を用いて調査・分析する」**に従って行います。
　つまり、**前のページの表の中から複数の方法を使って分析を行います。**
　たとえば、クレーム対応に課題があるという状況で、対応しているメンバーにヒアリングを行うことに加え、顧客アンケートのデータ分析を行う、などと組み合わせていきます。

〈調査の実施例：検討中の研修に対するニーズ調査〉

検討中の研修	対象者	調査対象	調査方法
営業スキル研修	担当者	担当者	観察、フォーカスグループインタビュー
		課長（上司）	ヒアリング
		顧客	アンケート
部下育成スキル研修	係長	係長	アンケート
		部下	データ分析
		課長	ヒアリング
次世代リーダー育成研修	課長	課長	データ分析
		部下	アンケート
		事業部長	ステークホルダー会議

分析する

「研修は答えではないかもしれない」──分析に欠かせない視点

　複数の対象者に、複数の調査方法を用いて調査した結果を分析します。
その際に、下記の視点をもって分析を始めます。

「研修は答えではないかもしれない」

　研修の企画のためにニーズ分析を行っているのに、「研修が答えではな
いかもしれない」というのは一体どういうことなのでしょうか。

「営業スキル研修」を例に考えます。
「成約率を上げるために、クロージングのスキル強化が必要である」とい
う、「送る人」である上司からのニーズが判明しました。一方で、データ
による分析を行ったところ、顧客への訪問回数と時間が、以前に比べて減
少しているという事実がわかったとします。そこで、営業担当者へのフォー
カスグループインタビューを行ったところ、社内ミーティングの時間が
大幅に増えたため、訪問回数・時間に影響を与えているという事実が見え
てきました。
　この場合、訪問した際のスキル向上を目指した研修を行うことにも意味
はあるかもしれませんが、その前提として、訪問する時間・回数の確保の
ために業務効率を上げるための手を打つ必要がありそうです。

　このように、**「そもそも研修が解決策になり得るのか？」という視点を
もって分析にあたることで、本当に効果的な研修を実現できる**のです。

ニーズ分析のフレームワーク

このように、課題に対して研修で解決できるかどうかの分析を行うためのフレームワークを紹介します。

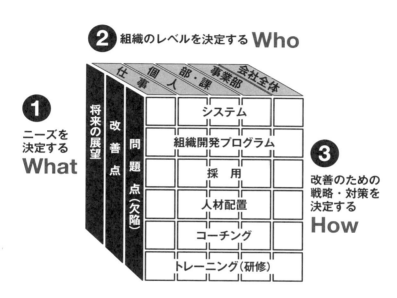

ボブ・パイクのパフォーマンスの立方体

図の3つの側面（①ニーズを決定する：What、②組織のレベルを決定する：Who、③改善のための戦略：対策を決定する：How）について、それぞれ分析を行います。

分析の視点①：ニーズを決定する

まずは、今、分析しようとしているニーズの性質を見極めます。
そのニーズは次の3つ（**問題点（欠陥）、改善点、将来の展望**）のうちのどれ

に分類できるでしょうか。

〈ニーズの３つの種類〉

種類	内容
問題点（欠陥）	・今、抱えている課題は、今すぐ手をつけなければいけない、いわば火がついているような状態か？ ・あるいは、欠陥が多くて即対応が求められているようなレベルの問題か？
改善点	・「問題点」ほど切羽詰まったものではないにしても、中には改善の余地がある課題もある （例）顧客満足度調査において、ほぼ「合格点」レベルには達していても、全項目100点ではないような場合、課題を特定して改善のための取り組みを行うケース、など ・今、目の前にあるのは、そうした改善（85点の状態から90点を目指すなど）が必要な課題か？
将来の展望	・競合の動きやマーケットの変化、法律や規制の変更がある場合、問題が起きる前に、パフォーマンスの低下を防ぐために備えたり、新たなチャンスをつかむために準備をしたりするといった対応が考えられる ・今、目の前にある課題は、このように現時点ではすぐに解決しなければいけないものではないものの、将来を見据えて先手を打ちたいという性質のものか？

　たとえば、「成約率を上げるために、クロージングのスキル強化が必要である」というニーズは、ほぼ同時期に新製品を発売した競合にシェアを大きく奪われている状況にあり、目標の到達が難しい見込みだとのことですので、今すぐ何とかしなければいけないという「問題点（欠陥）」にあたります。

分析の視点②：組織のレベルを決定する

　ニーズの性質の見極めが終わったら、次は組織のレベルを決定します。97ページ図の上部を見てください。

098

一番右の「**会社全体**」が最も大きな単位で、左にいくに従って小さくなります。

「**個人**」の左に「**仕事**」とあるのは、個人が担う役割が複数あることが珍しくないためです。たとえば、営業部のマネジャーが、プレイヤーとして担当をもちながら、マネジャーとして部下育成を行う責任もある場合、営業担当（プレイヤー）としての課題なのか、部下をもつマネジャーとしての課題なのかを分けて分析する必要があります。

たとえば、顧客からのクレームが課題だったため、原因を究明し、クレームが再発しないよう研修を行うことになったとします。この場合、「個人」を対象にした研修を行うと考えるのが通常です。クレームを受けている人が特定できているのだとしたら、全社的に研修を行う必要はないからです。

ここで、「**これは良い研修だから全員参加**」などと、「**部・課**」や「**事業部**」「**会社全体**」までを対象にするような誤った判断をしないように留意すべきです。

調査をした結果、成果を出している営業担当者と出せていない担当者の差が大きいこともわかりました。従ってこれは、「課全体」ではなく、必要のある「個人」が対象になります。

第1の側面（ニーズ）、第2の側面（組織のレベル）を合わせて分析してみましょう。

たとえば、冒頭のCASEの「提案力」の場合、これは火がついているような切迫した問題ではないとしたら、「改善点」と位置づけることができます。

「提案力が必要である」という本人の見解だけを聞いて研修を企画するのではなく、ニーズ分析の原則に従って、調査・分析を行います。

担当者本人にフォーカスグループインタビューを行ったところ、下記のような声があがってきたとします。

Instructional Design Handbook　099

「提案しても上司がなかなか承認してくれない」
「リスクをとることが求められていない印象がある」
「最終的には上司の意見に従うことが求められている気がする」

　また、上司の上司にヒアリングをしたところ、次のような声があがってきました。

「トップダウンのマネジメントスタイルから抜け出す必要がある」
「もっと失敗から学ばせるような度量をもってほしい」

　これらを総合して考えると、担当者の提案力を高めるための施策も必要かもしれませんが、同時に上司のマネジメントスタイルについても変化させる仕掛けが必要なのではないか、という見方ができます。

　このように、ひとつのグループ（椅子の１本の脚）だけの声を聞いて解決策を考えるのではなく、ニーズ分析の２つの原則に従って、情報収集と分析を行い、判断を行っていきます。

分析の視点③：改善のための戦略・対策を決定する

　続いて、改善のための戦略・対策を決定していきます。
　改善のための戦略・対策の方法として、研修を含めた６つの選択肢のうち、どれが最も適切かを検討します。
　６つ（①システム、②組織開発プログラム、③採用、④人材配置、⑤コーチング、⑥トレーニング（研修））の特徴を次の表にまとめました。
　基本的には、これら①〜⑤のいずれかだけで解決できない場合に「⑥トレーニング（研修）」という選択肢を選びます。

100

〈改善のための６つの戦略・対策〉

選択肢	概要
①システム	ハード面、設備面、インフラ、業務プロセスなどに問題がないかを検討する（設備やしくみの問題を「人の問題」にすり替えられていないかを検討する） （例）社内の会議が多すぎてクリエイティブに考える時間の確保が難しい場合、発想力、クリエイティブシンキングの研修などを行うのではなく、まずは会議を減らして時間的に余裕を設けることはできないか
②組織開発プログラム	「個人の知識やスキル」の問題に目を向けることよりも、「組織全体への働きかけ」が必要な場合、規則や制度の見直しに加え、組織開発の取り組みが必要となる （例）目標管理制度を活用しているが、目標に対する達成度合いがボーナスに大きく影響するため、達成しやすい目標を設定する傾向にある。その結果、新しいこと、大きな目標にチャレンジする文化ではなくなっている。この場合、研修で目標設定のスキルを育成するだけではなく、制度やその運用の見直しも必要
③採用	組織に合った人材、そのポジションに必要な人材を採用するためのプロセス、採用基準、採用担当者のスキルに問題はないかを検討する （例）採用基準が抽象的なため、最終的には採用面接を行う人の好みで採用が決まってしまう。そのため会社として目指している新しい方向性を担う人材、これまでとは異なる能力を持つ人材の採用ができていない。採用後に育成するのか、採用時にスキルを持った人を採用するのかの検討が必要
④人材配置	適材適所の人材配置ができているかを検討する（適性に合った仕事についていない人がいると、本人にとっても組織にとっても大きな負担となる） （例）経験が長くなると昇進・昇格し、管理職になったものの、マネジメントよりプレイヤーとしての活躍の方が適性があり、部下からの不満が大きい。昇進・昇格の基準や方法の見直しが必要
⑤コーチング	上司からコーチングが必要な場面なのに、研修で解決しようとしていないかを検討する （例）ストレスマネジメント研修に参加するより、上司がしっかりと対話することで部下のストレスを軽減することはできないか
⑥トレーニング（研修）	トレーニング（研修）以外の５つの選択肢を検討した結果、これら５つだけでは解決にならず、やはり研修が必要だと判断した場合に、解決策の１つとして研修を企画する

外部講師・コンサルタントの立場から
ニーズ分析を行う場合

外部から関わる場合のアプローチ

　インストラクショナルデザインの次のステップに進む前に、もうひとつ検討しておきます。ここまで述べてきたニーズ分析を、社内で人材開発を担当する立場として行うのではなく、外部講師やコンサルタントという立場で関わるとしたらどうすれば良いのか、ということです。

　外部から関わる場合、情報へのアクセスは社内の担当者を通じて行うことになります。担当者が的確な情報収集と分析を行ったうえでの依頼であれば、あまり問題はありませんが、冒頭のCASEのように、参加者のみに対する調査を行った結果として、「とにかく提案力を高める研修を提案してください」というような依頼を受けた場合はやっかいです。

　外部から関わる場合のアプローチとして、大きく次の3つが考えられます。
　担当者との役割の違いをうまく活用してWin/Winの関係を構築していきたいものです。

〈外部から関わる場合のニーズ分析：３つのアプローチ〉

情報収集を依頼する	担当者に不足している情報や、「なぜそれが必要か」「それがあればどんなメリットがあるか」を説明し、情報収集を行ってもらう
情報収集に協力する	外部の立場だからこそ率直に疑問を投げかけたり、中立の立場で会議のファシリテーションを行えたりするメリットを活かし、ニーズ分析の実施を提案する （例）対象者の上司層にヒアリングをする、ステークホルダー会議を行いそのファシリテーターを務めるなど
「イベントではなくプロセス」を提案する	1-1で述べた通り研修はイベントではなくプロセスであるため、研修前後も含めたデザインを提案する （例）研修の事前アンケートを参加者だけではなく、上司にも行う（これにより、結果的には「上司へのアンケート」というニーズ分析が行える）

Instructional Design Handbook　103

Work Sheet 02
ニーズ分析　ワークシート

ニーズや課題	調査対象	調査方法	調査結果
	対象として想定している人 _____		
	上記対象者以外の調査対象者① _____		
	上記対象者以外の調査対象者② _____		

想定している対象者への研修で行うこと	想定している対象者への研修以外で取り組むこと

（記入例）

ニーズや課題	調査対象	調査方法	調査結果
係長の部下育成スキルを向上させたい	対象として想定している人 　　係長	アンケート	●試行錯誤で部下・後輩指導はしているが、きちんと学ぶ機会がなかったので、学びたい ●忙しくてなかなか部下育成の時間がとれない現状
	上記対象者以外の調査対象者① 　　部下	データ分析 （社員満足度調査）	（実際の調査結果から、上司についての質問項目に関する結果を抽出し、部下育成についての課題を分析する）
	上記対象者以外の調査対象者② 　　課長	ヒアリング	●もっと下に仕事を任せれば良いのに、自分で抱え込んでいる ●係長自身がプレーヤーとしての達成感を味わうことがやりがいになっているようだ

想定している対象者への研修で行うこと	想定している対象者への研修以外で取り組むこと
●部下育成のプロセスについて理解し、育成するメリットを実感する ●さまざまな育成手法を知り、使えるように練習する ●具体的なアクションプランを立てる	●「部下育成ができている」という観点で優れた結果を出している人を何らかの方法で認知する　→ピアプレッシャーをうまく活用する ●研修前後に部下との対話の機会を設ける仕掛けをする

インストラクショナルデザインの8つのステップ

Instructional Design Handbook　105

2-2

参加者を分析する

2-1でニーズを分析した結果、研修を行う必要性があると判断されたとしましょう。

その場合、次に行うのは「参加者」の分析です。実践的な学びを提供するために、研修に参加することが想定される人々に対して、さまざまな観点から分析を行っていきます。

この項目では、分析のポイントとして、4つの観点について検討していきます。

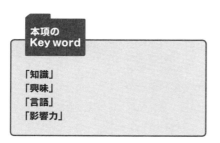

本項の
Key word

「知識」
「興味」
「言語」
「影響力」

参加者を分析する

参加者分析の４つの観点

　ニーズ分析の結果、研修を行うということが確定したら、次に行うのは想定されている参加者の分析です。

　参加者については次の**４つの観点**で分析します。

　以下で、ひとつずつ考えていきます。

①知識	・参加者はこの研修のテーマ・内容について、どのような知識をもっているのか？ ・どのような知識を研修で習得する必要があるのか？
②興味	参加者はこの研修に対してどれくらい興味をもっているのか？
③言語	参加者はこの研修で使う専門用語をどれくうい知っているのか？
④影響力	参加者は研修で学んだことを職場に戻ってから実践する権限があるのか？

分析の観点①　知識——参加者の知識レベル

現状と研修後のレベルを見極める

　参加者の知識が現状でどのレベルなのか、そして、研修の結果としてどのレベルに到達する必要があるのかを見極めます。

Instructional Design Handbook　107

〈知識のレベル〉

（現状）

　認識している　よく知っている　活用できる　マスターしている

（研修後）

〈4つのレベル〉

認識している	存在を知っている、聞いたことがあるレベル
よく知っている	基本的なことは理解しているレベル
活用できる	その知識を業務に活用することができるレベル
マスターしている	ほかの人に教えることができるレベル

　参加者の現状のレベルと、研修の結果として到達すべきレベルの差が、**研修によって埋めなければいけないギャップ**ということになります。
　ギャップが大きければ当然埋める労力は大きく、ギャップが小さければ労力はあまりかからないということになります。

参加者の知識・経験を過小評価しない

　ここで、気をつけたいことがあります。それは、**参加者がすでにもっている知識や、過去の経験を過小評価しない**ようにするということです。
　過小評価すると、「知っているかもしれないけど、確実に理解してもらいたいので、基本的なことから丁寧に説明する」という発想になりやすいものです。
　一見親切に見えるこの発想が、実は研修においては逆効果になります。

つまり、「確実に理解してもらいたいので、基本的なことから丁寧に説明する」ということは、参加者にとってみれば、「すでに知っていることの説明を長々と聞かされる」ということになるからです。参加者の立場からすると、「すでに知っていることの説明を長々と聞かされる」ことほど、退屈で苦痛な研修はありません。

また、参加者は大人ですから、これまでにさまざまな人生経験を積んでいます。そこにも研修で活用できるものがあることが数多くあります。

たとえば、昇格してはじめて部下をもつことになった人を対象に、「部下育成のスキル」を教えるような場面を考えてみましょう。

確かに部下をもつことははじめてかもしれませんが、それまでのキャリアの中で、自分が部下であった経験はあるはずです。部下としていろいろな上司と接する中で、「良い上司・良くない上司とはどういう人か」「効果的な部下育成はどういうものか」を、部下として経験しているのです。ですから、**研修において、ゼロベースで知識を提供しなくても、「部下としての経験」を振り返ることで、ある程度は知識を引き出すことができるの**です。

同様に、接客、販売、営業、顧客対応など、仕事として担当することははじめてだとしても、顧客側の体験があるのであれば、その経験を引き出し、研修で活用することができるでしょう。

知識レベルの確認① 事前の情報収集

参加者の知識が現状でどのレベルなのかは、可能な限り事前に情報収集したいところです。インストラクショナルデザインのステップ2のこの時点では、ステップ1（ニーズ分析）で収集した情報から推し量ることができるのが理想です。

また、たとえば次のようなアンケートを行うことで、事前に参加者の知識レベルを確認することができます。研修で取り扱う内容・項目をリストアップし、それぞれの項目の習熟度について自己分析してもらいます。そ

のうえで、現状で得意なことや課題だと感じていることなどを記述しても
らうのも良いでしょう。

◎事前アンケート例

内容・項目	自己分析
	1　2　3　4　5
	1　2　3　4　5
	1　2　3　4　5
	1　2　3　4　5
	1　2　3　4　5
	1　2　3　4　5
	1　2　3　4　5

このテーマに関して、現状で得意なこと、できていると感じていることを3つ挙げてください。

-
-
-

このテーマに関して、現状で苦手なこと、課題だと感じていることを3つ挙げてください。

-
-
-

知識レベルの確認②　当日の情報収集

　ただし、何らかの事情で事前に十分な情報収集や分析ができないことも
あります。また、ある程度の予測を立てて、その想定でデザインを進める
ことが多いのも現実です。

　その場合、研修当日に可能な方法で情報収集し、その場で対応すること
になります。特に外部講師の場合、事前の情報収集には限界があったり、
担当者のフィルターを通しての事前情報だったりするため、当日になって
情報収集を行ったり、確認したりすることが多いものです。

　研修当日にできる方法として、次のような方法が一般的です。

◎研修当日にできる知識レベルの確認方法

- ●研修のはじめにテストを行う
- ●知識や経験の有無を、挙手などの方法で示してもらう
- ●研修のはじめに課題に取り組んでもらい、その反応から推し量る

　これらの方法においては、当然のことながら、講師の対応力が求められ
ます。

「△△△についてはおおよそ知っているだろう」と想定していたら、ほと
んど知らなかった、あるいはその逆で、「○○○については、はじめて聞
く内容だろうから、丁寧に進めよう」と想定していたら、意外に経験者が
半数以上だった、というようなことが起きることもあります。

　こうした場合、**その場で臨機応変な対応をする必要があります。**想定と
実際の知識レベルのギャップを考慮せず、事前に用意した通りの説明やア
クティビティを行ったら、知っていることを長々と説明されたり、「つい
ていけない人」が出てきたりしてしまいます。

Instructional Design Handbook　111

知識レベルの見極めが難しい場合の対処法

こうした「当日の見極め」や「その場での臨機応変な対応」を行いやすくするためにもお勧めなのが、60ページでご紹介した「EAT」（経験→気づき→理論）の順序でのアプローチです。**最初に課題に取り組んでもらい、知識レベルの見極めを行いつつ、必要な知識を補っていくデザイン**にしておくのです。

「理論の説明をどういうレベルにするかが難しい」という講師の悩みをよく聞きます。「理論」から入る順番で研修をデザインしていると、それは当然難しいことでしょう。
「理論」から入る研修の場合、参加者がどのレベルなのかを想定して、そこに合わせることになりますが、その想定がずれている場合が考えられます。また、参加者が全員同じレベルだとまだやりやすいのですが、現実には、基礎レベルからスタートする必要がある人と、かなりの知識や経験をもっている人が混在しているのが実情でしょう。
つまり**実際の研修では、どこに焦点を合わせて説明をしたとしても、全員が納得いく状態をつくり出すのはほぼ不可能**なのです。

一方、「EAT」の順でデザインをしておくことで、研修当日に情報収集をしつつ、参加者同士が補完し合いながら学び、それをさらに補う形で講師が理論の説明を行うという流れをつくることができます。

事前課題・事後課題の設定

現状の知識レベルと、研修によって達成したい知識レベルがわかれば、研修で埋めるギャップを見定めることができます。この次に行うのは、この「ギャップ」を、研修で習得してもらうのか、それとも事前課題や事後課題といった研修前後のプロセスで習得してもらうのかを検討することです。

具体的には、次の3点を考えていきます。

POINT!

◎**事前課題・事後課題の設定**

① **事前課題で補ってもらえることは何なのか？**
……基礎知識の習得、自己分析、現状の課題分析など

② **研修中に習得してもらうことは何なのか？**
……知識の深堀り、アイデアの共有や拡散、スキル練習、アクションプラン作成

③ **事後課題で補ってもらえることは何なのか？**
……知識の追加や定着、アクションプランの実践と振り返り

1-1でも述べたように、**研修当日は、「集合研修でしかできないこと」に注力**します。

そのため、「本を読めば理解できる」「映像を見れば学習できる」といった知識のインプットは、できるだけ効率良くできるように検討します。

そのために必要なのは、研修を「イベント」ではなく、「プロセス」として捉えることです。そのうえで、研修前後も含めて、知識のインプットをデザインしていきます。

Instructional Design Handbook 113

（例）部下育成スキルについての研修

すでにもっている知識や経験

- 上司としての良い・良くない部下との接し方
- 部下を育成することのメリット
- 部下との対話方法

研修中の活用機会

- これまでに接した上司を振り返り、検討、共有
- 自身が感じていることを共有
- これまでに行ってきたことを振り返る、経験を共有する、ほかの参加者にアドバイスする、など

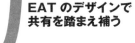

EATのデザインで共有を踏まえ補う

事前課題

- 課題図書で「コーチングの基本ステップ」を学ぶ

研修中に習得すること

- 部下育成の目的、プロセス、メリット
- コーチングの具体的な方法
- さまざまな部下や状況でのコーチング

研修後

- アクションプランを実践
- 振り返りと共有

研修前・研修中・研修後の学習をデザインする

知識レベルの把握

◎研修で習得する知識についての現状

参加者のレベル

　　　　　　　　認識している　よく知っている　活用できる　マスターしている

◎参加者は何を知っているか？

◎研修で習得する知識についての目標

参加者のレベル

　　　　　　　　認識している　よく知っている　活用できる　マスターしている

◎参加者は何を知る必要があるか？

分析の観点②　興味──「学習者」を増やす

興味の４つのレベル

　参加者分析の２つめの観点は、**参加者がどれくらい研修に興味をもっているのか**という点です。これから実施するこの研修の参加者のうち、「学習者」の割合はどの程度で、「囚人」はどれくらいいるでしょうか。

◎興味のレベル

　「囚人」とは、囚われの身であり、「**本当は研修に参加したくないけれども、強制的に参加させられている人**」のことをたとえています。もし解放してもらえるなら、研修に参加したくない人です。
　なぜ自分がこの研修に参加しなくてはいけないのかがわからない人、いったい何が得られるのかがわからない人、必須研修なので仕方なく参加した人などは囚人になる確率が高いでしょう。

　「休暇中の人」は、**普段の業務より研修に参加するほうがラクで楽しいと思っている人**です。必ずしも何かを学びたいという意欲があるわけではありません。

「社交家」は、人と会って話すのが好きなので、**研修の内容というよりはほかの研修参加者と話す機会を楽しみにしてくる人**です。おそらく休憩中はとても元気に周りの人と会話をしたり、グループディスカッションの時など、隙があればほかの話題に逸れたりしやすいのはこのタイプでしょう。

現段階で検討したいのは、研修当日にこのような参加者にどう対応するかということではありません。インストラクショナルデザインのステップ２の段階では、**研修の内容に興味をもっていない人をどう減らすか**、一番右の真摯に学習したいと思って研修に来る「学習者」を増やすにはどうするかを検討します。

研修前に「学習者」を増やすポイントを、以下では２つ考えていきます。

「学習者」を増やすポイント①
参加者にとってのメリットを実感してもらう

この研修に参加することが、参加者にとってどんなメリットがあるのかを明確に発信しましょう。

参加者にとってのメリットとは、たとえば次のような事柄です。

◎**参加者にとってのメリットを発信する**

- どんな課題が解決できるのか
- どんな知識・スキルが習得でき、それが業務にどう役に立つのか
- 参加者の成長やキャリアにどんな意味をもつのか
- 過去に参加した人がどんな風に活用して、どんな成果を出しているのか

こうしたことが明確になっており、かつそれが魅力的な内容であれば、研修に興味をもち、「学習者」になる可能性は高まります。

また、明確になっていたとしても、**発信できているかどうかも考慮が必**

要です。

　研修内容の「告知」や「招待文」などで、うまくアピールできているかを検証してみてください。

　日時や場所などの最低限の情報だけの、事務的な文章になっていないでしょうか。マーケティング的な発想をし、「この研修、受けたい！」と思ってもらえるように案内しましょう。

（NG例）

「プレゼンテーションスキル研修」

目的

効果的なプレゼンテーションを行うための知識とスキルを習得します。

内容

- 効果的なプレゼンテーションとは
- プレゼンテーションの構成
- デリバリースキルのブラッシュアップ
- プレゼンテーション練習とフィードバック

日時

〇月〇日（X）　9:30 〜 17:30

場所

ABC 会議室

事前課題

何かの提案をする 3 分間プレゼンテーションを用意してくる。

（OK例）

「プレゼンテーションスキル研修」

　仕事で成果を出すために欠かせないビジネススキルのひとつが、プレゼンテーションスキル。せっかくの良い提案なのに、プレゼンテーションがうまくないために、承認や賛同が得られない……ということでは、前に進めません。

　「効果的なプレゼンテーション」には、「内容」と「デリバリー」の両方が優れていることが必要です。聞き手のニーズをしっかりと把握し、必要な情報がロジカルに、かつシンプルにまとめられた内容。そして、わかりやすく、インパクトのあるデリバリー。この「プレゼンテーションスキル研修」では、その両方をしっかりと学び、練習し、ブラッシュアップしていきます。

　研修を通して、承認・賛同を確実に得られるような提案ができるようになりましょう!

目的

効果的なプレゼンテーションを行うための知識とスキルを習得します。

内容

- 効果的なプレゼンテーションとは
- プレゼンテーションの構成
- デリバリースキルのブラッシュアップ
- プレゼンテーション練習とフィードバック

日時

○月○日（X）　9:30 ～ 17:30

場所

ABC 会議室

Instructional Design Handbook　119

事前課題

何かの提案をする3分間プレゼンテーションを用意してくる

※研修中にその内容のブラッシュアップ、デリバリーの練習を行い、より効果的なプレゼンテーションに生まれ変わらせてお持ち帰りいただけます

過去の参加者の声

● 「これまで、プレゼンテーションはとても苦手意識がありました。プレゼンテーションを行ってもあまりうまくいかず、『出直し』になることがよくありました。でも、研修で学んだことを活かして、次回はきっと一発 OK がもらえる自信があります!」

● 「プレゼンテーションを準備する時、何をどう伝えれば良いか、なかなか決められず、すごく長い時間をかけて準備をしていました。それでもうまく伝わるかどうか自信がなく、苦手意識がありました。今回の研修で準備する時のポイントがわかったので、次回からは効率良く準備が進められそうです。しっかり準備できたら自信にもつながるので、当日も緊張せずに挑めそうです」

　また、**事前課題で、参加者自身が現状の課題を認識できれば、それも学ぶメリットを感じるきっかけになります。**

　たとえば参加者がセルフチェックで自己分析をする、上司・同僚などからフィードバックをもらうなどの機会をつくり、何を学べばいいかが実感できるような事前課題は工夫できないか、検討するのも良いでしょう。

> **POINT!**
>
> ◎案内文に入れたい項目
>
> - 研修タイトル
> - 研修目的
> - 対象者・参加者が感じているであろう業務上の課題
> - その課題に対してこの研修で学ぶことを実践すれば、どう解決するか、どんなメリットが得られるか
> - 研修内容・トピック
> - 日時などの連絡事項
> - 過去の参加者の声（学びを実践して課題が解決できたことがわかるもの）
> - 事前課題の案内

「学習者」を増やすポイント②　上司を巻き込む

　もうひとつの大きなカギは参加者の上司です。
　同じ参加者でも、上司がどのように研修に送り出すかによって、囚人にもなれば、学習者にもなり得ます。
　たとえばこんな場合は、どうでしょうか。

佐藤さん、来月〇〇研修があるそうです。各部署から参加者を2人推薦してほしいと人事部から依頼が来ました。こういうのって、研修で理論を学んでも結局は現場とは乖離しているから、役に立つのか疑問なんだけど……。しかもこの忙しい時期に何でやるのかねぇ、人事は。でも2人出せって言われてるから、やはりここは経験者の佐藤さんに行ってきてもらえないかなと思って。予定、空けられる？

　佐藤さんに研修の魅力は伝わらず、しぶしぶ参加することになるでしょう。
　一方、こちらの場合はどうでしょうか。

佐藤さん、来月〇〇研修があるそうです。各部署から参加者を2人推薦してほしいと人事部から依頼が来ました。私たち、これに関してはいつも現場で試行錯誤している内容だよね。でも試行錯誤から学べることだけではなくて、一度きちんと理論を学習してみたら、自分の経験が整理でき、どう応用すればもっと効果が出るか、とか、いろいろ発見があると思うんです。来期に予定しているあのプロジェクトにも活かせると思います。佐藤さんが今忙しいのは重々承知しているけど、ここは何とかスケジュール調整をして、ぜひ参加してもらえないかな。学びや気づきを、研修後にぜひ聞かせてください。

同じ佐藤さんでも、研修に対する気持ちや意欲が変わるのではないでしょうか。

　このように、上司が何と言って送り出すかはとても大きな影響を与えます。
　ですが、実際には、協力的な上司もいれば、非協力的な上司もいるでしょうし、部下との関わりが得意な上司もいれば、あまりうまくない上司もいるでしょう。
　だからこそ、上司に任せてうまくやってくれることを願うだけではなく、上司に「何と言って送り出してほしいか」を、研修を企画・デザインする側がはっきりと上司に発信しましょう。

　次のページのフレームワークを参考にしてください。

上司から部下（研修参加者）に伝えてもらうことフレームワーク

- 研修目的

- 研修内容、学べる知識・スキル

- なぜ〇〇さん（参加者）に出席してもらいたいと思っているか

- 研修で学んだことをどんな機会にどう活用・実践してもらいたいと考えているか

- 学びを活用・実践することで〇〇さん（参加者）にどんなメリットがあるか

（記入例）プレゼンテーションスキル研修の場合

● 研修目的

効果的なプレゼンテーションを行うための知識とスキルを習得する

● 研修内容、学べる知識・スキル

プレゼンテーションで成功するための準備と、話し方などのデリバリースキル

● なぜ〇〇さん（参加者）に出席してもらいたいと思っているか

今担当しているプロジェクト以外にも、今後はもっといろいろなプロジェクトを任せたいと考えている。プロジェクトリーダーとしてプロジェクトを成功させるためには、プレゼンは必須。この機会にプレゼンスキルをブラッシュアップしてきてほしい

● 研修で学んだことをどんな機会にどう活用・実践してもらいたいと考えているか

次のプロジェクトBは、根強い反対意見が予測できる。この根強い反対意見勢力に対して、説得力あるプレゼンで乗り切ってほしい

● 学びを活用・実践することで〇〇さん（参加者）にどんなメリットがあるか

プレゼンテーションがうまいということは、自分の提案が通りやすくなる、ということになる。そうすると、ますます影響力を発揮することができ、つまりはリーダーシップを発揮して仕事を推進していけるということになる。〇〇さんの今後のキャリアにとてもプラスになるスキルなので、ぜひしっかりと学んできてほしい

Instructional Design Handbook　125

分析の観点③　言語——専門用語をどの程度知っているか

4つの言語レベル

　参加者分析の3つめの観点は、**言語**です。**参加者はこの研修で使う専門用語をどれくらい知っているのか**を見極めます。

◎参加者の言語のレベル

| 言語のレベル | 子どもにもわかるように話す | 平易な言葉で話す | 明瞭に話す | 専門的な単語で話す |

　参加者が知っている専門用語は、研修中に説明なしに使えますが、知らない用語はほかの言葉に言い換えるか、あるいは、その用語の意味を学んでもらう必要があります。
　そのため、ひとつめの観点である「知識レベル」と同様に、参加者が何を知っているか、何を知らないかを把握することが、研修デザインに役立ちます。

言語レベルを把握する方法

　「言語レベル」も「知識レベル」と同じで、あらかじめ把握できれば理想的です。
　研修前に把握する方法として、たとえば、使用する予定の専門用語をリストアップし、習熟度（例：1～5段階など）をセルフチェックしてもらう事前課題を設定する、などの方法が考えられます。

◎事前課題

（例：トレーナー養成研修の場合）

用語	解説	理解度				
インストラクショナルデザイン	研修が効果的に行われ参加者が職場に戻って学びを実践する確率が高まるように研修を設計すること	1	2	3	4	5
●●	×××××	1	2	3	4	5
●●	×××××	1	2	3	4	5
●●	×××××	1	2	3	4	5

しかし、現実には推測してデザインを進めることが多いでしょう。

その場合は、次のような方法が効果的です。

◎そのほかの対策例

- 事前課題として書籍やeラーニングなどで基礎知識を習得してもらう
- 用語集を研修教材に入れておく

こうした対策をしたうえで、研修の中で、参加者に確認することも大切です。

「これくらいは知っているだろう」という前提で研修が進み、後半になってから、「すみません……○○ってどういう意味ですか？」などという質問を受けて驚く、という事態は避けたいものです。

実際には、質問をしてもらえたらまだ良いほうで、質問もできず、よく理解できていないまま研修が進むことのほうが多いでしょう。

研修当日に確認する場合の問いかけ方として、NG例・OK例をまとめます。

Instructional Design Handbook　127

◎研修当日の言語レベルの確認法

×「●●という言葉を知らない人はどれくらいいますか？」

→講師として知りたい情報なのですが、参加者としては挙手しにくい問いかけです

×「●●という言葉を知っている人はどれくらいいますか？」

→これなら手を挙げてくれるかというと、そうでもありません。挙手をしたら、「説明してください」などと指名されるのではないか、自分では知っているつもりだけど間違っているかもしれない、などとさまざまな理由でなかなか手を挙げにくいのです

- 個人で、専門用語リストでチェックする。チーム内でそれを共有し、「知らない」「説明がほしい」用語をリストアップして全体で共有する
- 用語が書かれたカードと、意味が書かれたカードをバラバラにしておく。チームで用語と意味のマッチングをグループワークで行う。その後、正解を全体で確認する

→このように「誰が言ったかわからないようにする」工夫をして、参加者の自尊心を傷つけることなく確認します

Work Sheet 05
言語のレベルを把握する方法を準備する

事前の確認方法

事前学習

当日の確認方法

（記入例）商品の販売スキルの場合

事前の確認方法

各商品で用いられる用語について、お客さまに説明できる自信
の度合い（1－5）をセルフチェックして提出してもらう。

事前学習

さまざまな用語が用いられている各商品の特長とセールスポイ
ントについての資料を読んでくる。

当日の確認方法

商品の特長に関する○×クイズをオープニングで行い、理解度
を確認する。

分析の観点④　影響力

研修で学んだことを職場で実践する権限はあるか？

　参加者分析の最後の観点は、「影響力」です。

　これは、**研修で学んだことを参加者が職場で実践する権限があるのかど
うか**です。つまり、研修後を見据えて、研修前に手を打つという内容です。

　2-1（ニーズ分析）でも述べたように、参加者に権限がない場合は、上司
へのアプローチや、組織開発的な施策が必要な可能性があります。

　たとえば、研修参加者に、「そんなの（研修で学んだこと）は机上の空論。
それより私の経験ではこうやって進めた方が効果がある」などと言う上司
がいたらどうなるでしょうか。

　研修での学びを参加者が活用できるはずがありません。

　ほかにも以下のようなケースもよく耳にします。

- 全社の戦略や方針と、部門・部署の戦略・方針にずれや矛盾があり、
  全社目線でデザインされた研修内容が現場では実行しにくい
- 実践したい・させたいけれども、業務の優先順位の問題で、その時間
  がとれない。参加者だけの権限で優先順位の変更ができない
- 実践したい・させたいけれども、最初からスムーズにはいかないた
  め、練習期間が必要で、上司など周りのサポートも必要。でもそのサ
  ポートが得られない

　このような状況が研修後に起きることが予測される場合、それに対して
研修後に対策を講じるのではなく、研修前に障害を取り除くための対策を
講じます。

　もちろん、ステップ1のニーズ分析の段階でこうしたことを把握し、対

策が講じられればベストです。しかし、調査対象から漏れた上司、書いて
くれなかった本音、人事部には言えない事情など、現実にはさまざまなと
ころにこうした障害が潜んでいることが多いものです。小さなサインも見
逃さず、追加調査をしたり、下記のようなアプローチをしっかりと行った
りして、早い段階で手を打ちます。

・上司を巻き込む
・研修後のサポート体制を決めておく
・経営層などステークホルダーとミーティングし、協力を得る

　特に、「上司を巻き込む」について、研修後のサポート体制を決めてお
くという方法が考えられます。
　たとえば次のような取り組みです。

◎**影響力：上司を巻き込む方法（例）**
● 研修目的と内容を参加者の上司に事前に共有し、賛同を得ておく
● 前ページのような懸念事項（会社の戦略や方針とのずれ、など）が
　あれば討議して解決策を決めておく
● 研修前に参加者を動機づけし、研修後には学んだことの報告を促す
　よう上司に依頼しておく
● 学びを実践するために、練習する時間や機会を計画しておく
● 研修で学ぶ知識・スキルを参加者が実践する場を提供してもらえる
　よう、上司に依頼しておく
● 必要に応じて、上司以外にも支援する人を決めておく

　ここまで、４つの観点で参加者の分析を行ってきました。
　このような分析は、参加者のニーズに合った研修内容を作成する準備と
して欠かせないものなのです。

2-3

目的を設定する

　どのような仕事をする場合も、「目的」を考えることが重要であるように、研修の効果を高めるうえでも、「目的」を効果的に設定することが欠かせません。

　そもそも、「効果的な目的」とはどういったものでしょうか。ここでは、4つの領域において目的を設定することで、精度を高めていきます。

　また、研修で得たい成果から遡って目的を設定するという考え方もできます。

　具体的な設定方法を、一緒に考えていきましょう。

本項の Key word

「認知領域」
「感情領域」
「行動領域」
「対人関係領域」

研修デザインと目的の設定

研修デザインに「目的」は不可欠

インストラクショナルデザインの3つめのステップは、**目的の設定**です。

何の仕事であっても、何のために行うのか、何を達成すれば良いのかという目的の設定や確認は大切ですが、研修デザインにおいても例外ではありません。

下記は、よく見る「研修の目的」です。
これは効果的な目的と言えるでしょうか。

- 「ビジネスマナーと仕事の進め方についてその大切さを理解し実践できるようになるビジネスマナー研修です」
- 「OJTトレーナーの『指導者としての意識』の醸成を目指します」
- 「管理職に求められる、組織・人材・業務について、マネジメントの基礎を学びます」

残念ながら、これらの目的は、研修デザイン上、効果が高いものとは言えません。

これらの「目的」は次のような点で課題があります。

- 漠然としていて、テーマは伝えているが具体的でない
- この研修に参加することでどんなメリットが得られるかが見えにくい
- この研修で習得できることの内容とレベルがわからない

では曖昧な目的で研修をデザインしてしまうとどのようなことが起きるでしょうか。具体的な例をもとに、掘り下げて考えていきましょう。

曖昧な目的を設定することの問題点

◎ CASE：新入社員研修

　自動車部品メーカーの営業部の渡辺さんは、新入社員研修における各組織の役割を理解してもらう時間で、「営業部の仕事について話をしてほしい」と依頼を受けました。「トップセールスの１人である渡辺さんの活躍を紹介したい」と言われ、引き受けることにしました。
　この時、渡辺さんは、以下のような目的を設定しました。

目的：「営業部の役割と業務について学ぶ」

　担当時間は60分。以下のような内容を用意しました。

①営業部のミッションと戦略について
②大口顧客での自社製品導入事例
③営業担当者として大切にしていること

　各トピック20分が目安です。①、②はほかでも話すことのある内容なので、既存の社内資料を活用することにしました。③はプレゼンテーションとしてまとめたことはなかったので、あらためて振り返り、５つの項目を挙げ、新入社員に伝えようと考えました。
　普段から、お客さまと話すことが多く、プレゼンテーションを行う機会も多いので、人前で話すことに不安はありません。「今年の新入社員はどんな感じだろう」と、当日を楽しみに迎えました。
　さて、渡辺さんの順番が回ってきました。スケジュールは午前11時からの１時間です。

　新入社員は、連日の研修からの疲れや慣れない社会人生活で緊張も

あるのか、少し元気がないように見えました。それでも渡辺さんのテンポの良い話に興味をもって聞いてくれている様子でした。

　メモをとったり頷いたりしながら聞いている人も多く、時折笑顔も見られました。渡辺さんも気分良く60分間話し終えることができました。

　後日、人事部からお礼とフィードバックが届きました。

　それによると、渡辺さんを含め各組織の役割を話した1日については、大きな課題が残ったというのです。当日の新入社員の反応は良好だったので、渡辺さんは納得ができませんでした。

　しかし、実際には、新入社員からのフィードバックには以下のような声が多かったということです。

- 「活躍している先輩方のお話が聞けて良かった」
- 「専門用語や知らないことが多く、理解するのが難しかった」
- 「自分自身がこれから担当する業務があまりイメージできていないため、自分との関わりが見えにくかった」
- 「一方的なレクチャーが多かった」

　さて、なぜこのようなことになってしまったのでしょうか。
　原因として、次のようなことが考えられます。

・参加者分析が甘かった
・目的設定が具体的ではなかった

　特に、目的設定については、営業部についての一通りの「説明」ではあったけれども、「研修のデザイン」としては適切なものにはなっていませんでした。

　与えられた時間に対して「伝えたい」ことが多い時、とにかく自分の伝えたいことを一方的に話すしかないという思い込みをもっている人を非常

に多く見かけます。

　ですが、短時間に効率良く研修したいからこそ、インストラクショナルデザインは大切なのです。

> **POINT!**
>
> ◎**目的設定に必要な視点**
>
> ● 知識として何を知ってほしいか
> ● 研修の内容についてどんな印象やイメージをもってほしいか
> ● この内容を理解することによって、何ができるようになってほしいか

　話を聞くなど、「知識をインプットする」だけの目的であれば、映像教材を見たり資料を読んだりすることでも足りるかもしれません。

　新入社員が渡辺さんの話を聞くことによって、営業部についてポジティブな印象やイメージをもつためには、デザインにどのような工夫が必要でしょうか。また、話を聞いて理解するだけにとどまらず、それを活用して何ができるようになってほしいのでしょうか。

　それを明確にしていくことが、このインストラクショナルデザインの3つめのステップ「目的設定」なのです。

　効果的な目的の設定方法について、次のページから考えていきます。

Instructional Design Handbook　137

効果的な目的を設定するために

4つの領域で目的を設定する

研修をデザインするにあたっては、以下の4つの領域で目的を設定します。

<table>
<tr><td>①認知領域
どのような知識を習得してもらうか</td><td>②感情領域
どのように感じてもらうか</td></tr>
<tr><td>③行動領域
どんなスキルをどのレベルまで習得してもらうか、また、どのような行動変容を起こしてほしいか</td><td>④対人関係領域
対人関係の中で、どのような行動がとれるようになるか</td></tr>
</table>

研修目的の4つの領域

①認知領域における目的の設定

認知領域における目的とは、「知識として何を習得してもらうか」を設定するということです。

認知領域における目的を明確にするために、次のような問いに対する答えを用意します。

> **POINT!**
>
> ◎**認知領域における目的を考える**
> - **研修の結果としてどのような知識を習得してもらいたいか**
> - **研修の結果として習得してもらうスキル、とる行動の前提知識として何が必要か**

　研修の目的は知識を習得することではなく、学んだことを職場に持ち帰って実践し、成果を出すことです。

　つまり、何かを「学ぶ」「理解する」というレベルの目的を設定するのではなく、**どのレベルまで学び、どう活用するかを見据えた目的の設定**を行います。

◎**例：認知領域における目的**

「必要な情報を取り出すことができるようになる」
「特定できるようになる」
「分類できるようになる」
「判断できるようになる」
「選ぶことができるようになる」
「説明できるようになる」
「評価できるようになる」

---

②感情領域における目的の設定

　脳は新しい知識を短期記憶にいったん留め、それを長期記憶へ移行するかどうかは、扁桃体がふるいにかけます。その際、**ネガティブな感情を伴うよりポジティブな感情を伴うほうが長期記憶への移行と定着率が高まり**ます。

Instructional Design Handbook　139

また、**人が行動を変えるには、知識だけではなく感情が伴うことが必要**です。

　そこで、感情領域では次のような問いに対する答えを用意します。

POINT!

◎感情領域における目的を考える
- 研修で何を感じてもらうか
- 研修後、学びを実践する際にどんな気持ちで実践してもらいたいか

　学んだことを長期記憶に定着させ、行動を変えようという感情をもってもらうために、研修中に参加者にどんな感情をもってほしいか、研修後に実践する際にどんな感情をもってほしいかを目的として設定します。

　企画者や講師が「想い」として参加者にこんな気持ちになってほしいと抱いていることはよくあることでしょう。ですが、研修の目的として明言しているケースはあまり多くないように見受けます。

　一方で人の感情を動かすのは容易なことではありません。

　たとえば、研修で学んでもらう新しい手法について懐疑的な人を、「これはうまくいきそうだ。試してみたい」という気持ちにさせたい場合は、どうすれば良いでしょうか。

　まず、いくら知識をインプットしても、懐疑的な気持ちのままでは実践しようと思わないのは容易に想像できます。

　それでは、理詰めで知識の提供に終始すれば、自然とやってみようと思うでしょうか。思うかもしれませんが、思わないまま終わってしまうかもしれません。ということは、研修を行っても成果に結びつかないかもしれないのです。

　ここでは、次のような目的を設定するのが効果的でしょう。

● この手法に対してポジティブなイメージをもってもらう
● この手法で良い成果が出せそうだと感じてもらう

インストラクショナルデザインの「ステップ4：オープニングとクロージングをデザインする」、さらに「ステップ5：研修コンテンツを作成する」において、目的を達成するための内容やインパクトのある手法を工夫してデザインをし、目的の達成を確実なものにしていきます。

つまり、「こんな風に感じてほしいな」と「想い」としてもつだけではなく、目的として明文化し、それを達成するためにデザインを工夫していく必要があるのです。

ただし、これを参加者に提示するかどうかは別の話です。「〜が好きになる」ための研修だと言われると抵抗を感じる人がいることも考えられます。

ただ、提示はしなくてもデザインする際には、それを明確にしていく必要があります。

◎例：感情領域における目的

　「〜は役に立つと感じる」
　「〜が好きになる」
　「〜はうまくいきそうだ、成果が出せそうだと感じる」
　「〜について自信をもつ」
　「〜に興味がわき、もっと知りたいと思う」
　「〜をもっと多くの人に広めたいと思う」
　「〜をもっと多くの人に活用してもらいたいと思う」

---

③行動領域における目的の設定

認知領域のところでも述べましたが、研修の目的は知識を習得することではなく、学んだことを職場に持ち帰って実践し、成果を出すことです。

つまり、学んだ知識を使って何かを実践したり、習得したスキルを実践したり、行動変容を起こすことで、成果を出すことが、研修のゴールです。

行動領域では、そうした**「実践」や「行動変容」を目的として明確にします。**

具体的には、次の問いに対する答えを考えます。

POINT!

◎行動領域における目的を考える
- **●何ができるようになってもらいたいか**
- **●どんな行動をとってもらいたいか**

◎例：行動領域における目的

「～ができるようになる」
「～する」

④対人関係領域における目的の設定

４つめは、**「対人関係」**の中で何ができるようになる必要があるかについての目的設定です。

これまでの３つの領域は基本的なものであるのに対し、対人関係領域は相手や状況に合わせて行動するという応用レベルと言えます。どんな状況でも、誰に対しても同じ基本パターンでの対応しかできないのではなく、状況や相手によってベストな対応ができるようになるレベルです。

基本知識とスキルを身につけたうえで、誰かとの対話の中で発揮することが求められるのは、何のスキルで、どのレベルまでなのかを特定していきます。

ここでは、次の問いに対する答えを考えます。

> **POINT!**
>
> ◎**対人関係領域における目的を考える**
> - どんな相手や状況に対して、どのようなことができるようになって
>   もらいたいか

たとえば、上司の部下育成スキル向上の場合を考えます。

まずは、基本理論や部下との接し方の基本パターンを習得することになります。そのうえで、「こんな部下にはどう対応する？」「このような状況にはどう対応する？」というような、ケース別の対応方法を学び、練習するような場面を考えてみましょう。

その**「こんな部下」「このような状況」での対応**が、ここでいう「対人関係領域」においてできるようになる必要があることです。

よくあるケース、よく起きるトラブル、よくあるパターン、などを取り上げて、その対策を考え練習しておくことになるでしょう。

実際に同様の場面に遭遇した時、頭で理解しただけの場合よりも、理解したうえで練習を行ったほうが対応の成功率は高まります。

そのため、研修デザインにおいても、「どのような相手・状況」に対して対応できるようになる必要があるのかを明確に設定しておき、インストラクショナルデザインのステップ5（研修コンテンツを作成をする）の段階で、練習の時間を確保するようにします。

◎ **（例）対人関係領域における目的**
「～という状況に対応できるようになる」
「～の場合に対応できるようになる」

Instructional Design Handbook　143

研修の「成果」から「目的」を設定する

「成果」から逆にデザインする

　ここまで、研修目的について、４つの領域で設定することを考えてきました。

　目的を設定するうえでは、もうひとつ、とても重要な点があります。それは、**今、デザインしているその研修の効果や成果を何で判断するか**という点です。

　具体的には、下記のような質問に対する答えを用意します。

POINT!

◎研修の「効果」「成果」から目的を考える

- ●この研修の成果は何でどう判断するか
- ●「払う人」と「送る人」は「成功」をどう定義するか

　研修の効果測定については2-7で詳しく述べますが、研修を行った成果として何を得たいかをあらかじめ明確にしておくことが大切です。

　今ここで設定している研修の目的を達成すれば、その成果が得られるのかの検証を行うのです。

　たとえば、研修を行った成果として「従業員満足度調査において、上司についての満足度を５ポイントアップする」という成果を得たいと考えて上司向けの研修をデザインしているとしましょう。

　まず、研修をデザインするうえで、４つの領域で目的を設定します。

①認知領域

- 上司が部下に与える影響、上司として望ましい・望ましくない言動を理解する
- 自分自身のマネジメントについて現状を認識し、日々の部下との関わり方について検証し、改善策を検討する

②感情領域

部下を育成することが自分にとっても意義のあることであると感じる

③行動領域

日常の対話においても、フォーマルな場面での対話においても、部下のモチベーションをあげ、部下の成長を促すコミュニケーションができるようになる

④対人関係領域

〜など難しい局面においても、部下と効果的な対話ができるようになる

　上記のような目的を設定してデザインを進めることにした場合、ここで再度検証したいのは、この4つの目的を達成すれば「従業員満足度調査において、上司についての満足度を5ポイントアップする」という成果が得られるのかという点です。

　実際は、何を行えば「従業員満足度調査において、上司についての満足度を5ポイントアップする」という成果が確実に得られるかを特定することはほぼ不可能です。さまざまな要因が複雑に作用し、その結果としての数字ですので、これを行えば確実にこの成果が得られると断言することはできないでしょう。

　ですが、**少なくとも「研修で設定した目的を達成することは、最終的に得たい成果に大きく貢献するはずである」という仮説が成り立たなけれ**

Instructional Design Handbook　145

ば、設定した研修目的では不十分であるということになってしまいます。

　その場合、研修の目的設定自体を再検討する必要があります。

　これは、研修のデザインを担当する人だけでは答えを出せない問いかもしれません。

　その場合、2-1 ニーズ分析のステップで巻き込む「送る人」や「払う人」との連携で、ステークホルダーが納得できる答えを出してから、ステップ4以降の具体的な研修内容のデザインに進むといいでしょう。

Work Sheet 06

4つの領域で目的を設定する

領域	目的
認知領域	● ●
感情領域	● ●
行動領域	● ●
対人関係領域	● ●

上記の目的を達成することで、実現できること

2-4

オープニングとクロージングを
デザインする

　ニーズの分析、参加者の分析、目的の設定が終わったら、次はいよいよ研修のコンテンツの作成に入っていくことになります。

　研修の準備をする際、何からつくり始めるでしょうか？

　当日使うパワーポイントのスライドからつくり始めるという方が多いようですが、残念ながら研修の効果を高める観点で言うと、それは効果的ではありません。本書では、2-5で詳しく述べる研修コンテンツのデザイン、そしてここで解説するオープニングとクロージングのデザインから始めることを推奨します。

　どうして、オープニングとクロージングが重要なのか、またどのようにデザインするのが効果的なのか、具体的に検討していきましょう。

**本項の
Key word**

「ポジティブなオープニング」
「オープニングデザインの6つのポイント」
「各トピックのオープニング」
「クロージングデザインの3つのポイント」

脳は「最初」と「最後」の情報を記憶する

なぜ「オープニング」と「クロージング」が重要なのか？

「人は最初と最後は記憶しやすい」

　これは、マインドマップを開発したことで有名なトニー・ブザンが、その著書（「Use Both Sides of Your Brain」）で述べたことです。たとえば、7つのポイントを説明した場合、最初のポイントと最後のポイントを覚えている人は多いけれども、2〜6という真ん中の部分を記憶している確率は低くなるのです。

　このように、最初と最後が記憶に残りやすいのであれば、**研修では、そこに最も重要で、記憶に留めてもらいたい情報が入るようにデザインする**のが適切でしょう。研修参加者にとって、重要で意義のある内容を研修の最初と最後に入れる。これが、「オープニング」と「クロージング」のデザインにおいて重要な原則となります。

　オープニングとクロージングは、研修を効果的に行ううえで重要な役割を果たすのです。

　そこで、インストラクショナルデザインの4つめのステップとして、次のページ以降では、オープニングとクロージングについて考えていきましょう。

オープニングをデザインする

オープニングデザインのよくある失敗例

　研修において重要な役割を果たすオープニングですが、効果的に行われていないことも多いのが現実です。

　たとえば、次の２つのCASEについて、オープニングの効果を考えます。

◎ CASE１：販売スキルの社内研修

　販売スキルについての社内研修を担当する杉森さん。開始10分前には用意を終え、開始の時刻を待っています。部長から、「冒頭にひと言話したいから５分時間がほしい」と言われているので、部長の到着を待っています。

　開始２分前になり、参加者全員が着席した頃、部長が到着しました。全員がそろっているのを確認し、部長が話し始めます。

「皆さん、おはようございます。今日は販売スキルの研修ということで、忙しいのに集まっていただいてありがとうございます。

　今日の研修ですが、いったい今なぜこれを皆さんにあらためて学んでもらおうということになったか、その背景はわかっていただいているでしょうか。今年の上半期は、正直に言って惨憺たる結果でした。このままでは、今年度は予算達成できないどころか、過去最悪の結果になる可能性もあると懸念しています。そこで、何とかその事態を回避すべく、急きょこういう機会を設けようということになりました。

　私としてはぜひ皆さんに今一度基本をしっかり確認してもらって、

150

今年度の残された時間に、できることはすべてやってほしいと思っています。今日はそのための貴重な機会です。しっかり学ぶように、よろしくお願いします」

◎ CASE2：新人社員のフォローアップ研修

　山川さんは新入社員研修を担当していました。各部門に配属になって３ヶ月経った今日、フォローアップ研修を実施することになっています。入社直後は、学生気分が抜けていない様子もあった新入社員たちですが、現場で３ヶ月の経験を積み、社会人としての自覚も生まれてきているように見え、その成長を嬉しく思っています。今日の研修では、自身の成長を実感して自信をつけ、同期との絆を深めてほしいと思っていました。また、緊張から解放されて気が緩む時期でもあるので、気を引き締め直してもらいたいとも思っています。

　研修が始まり、山川さんは次のように話し始めました。

「皆さん、今日はフォローアップ研修にお越しいただいてありがとうございます。３ヶ月前に緊張でガチガチで送り出した時と比べると、皆さんの表情も明るく、振る舞いもずいぶん社会人らしさが見えるようになり、私も嬉しく思っています。

　今日の研修では、あらためて自分の３ヶ月を振り返り、今後のさらなる成長のための計画を立てたり、同期との情報共有をしっかりと行ったりしていただく予定です。それに先駆けて、いきなりですが、課題に取り組んでいただきます」

　グループワークで取り組む課題を配布し、全チームが取り組みました。その後、各チームから発表を促しましたが、難しかったようで、

Instructional Design Handbook　151

苦笑いを浮かべたり、悔しがったり、沈んでいる表情の人も多く見受けられます。

「皆さん、難しかった様子ですね。残念ながら皆さんからの回答は、期待しているレベルには到達していないと言わざるを得ません。わが社の社員として３ヶ月も仕事をしてきたのであれば、これくらいの課題にはすらすらと答えを出せて当然ではないでしょうか。いつまでも新人気分でいられては困ります。

　３ヶ月経って一通りの業務がこなせるようになって油断が生じる頃かもしれませんが、あっという間に来年度の新入社員が入ってきて、皆さんは先輩になるのです。この程度の課題にこのような回答しか出せないようでは、まだまだ新入社員のお手本となるには程遠いと言われても反論はできませんね。

　しっかりと気を引き締め直して今日の研修に取り組んでください」

　この２つのCASEは、どちらも失敗例と考えられますが、いったい何が良くないのでしょうか。

　２つのCASEに共通しているのは、ネガティブであるという点です。

　CASE1は、部長から冒頭の挨拶として「叱咤激励」と言えば聞こえが良いですが、「ダメ出し」をされているとも言えます。

　CASE2は、オープニングで難しい課題に取り組ませ、期待しているレベルに達していないからしっかり学ぶように、という流れをつくっています。気持ちの引き締めをねらってのことですが、言い換えれば、わざと失敗させて学ぶ必要性を感じさせようというデザインです。

　いずれも、学ぶ必要性を感じてもらうという観点からは意味があるように見えますが、はたしてこうしたアプローチは効果的でしょうか。

ネガティブなオープニングの問題点

「学ぶ必要性」を感じてもらうことを目的とした場合、こうしたネガティブな方向で危機感を抱いてもらうほかに、ポジティブに学ぶ意欲を高めてもらう方法もあります。

ネガティブなアプローチ
「このままではだめだ!」

ポジティブなアプローチ
「自分に役に立つ!」
「知りたい!」「学びたい!」

学ばなければという危機感

自発的な学ぶ意欲

なお、前者のネガティブな方向での危機感の場合、以下の2つの点で問題があります。

◎ネガティブな危機感を与えることの問題点
①研修で学ぶことが「苦痛」「嫌なこと」というマイナスのものになり、やらされ感が高まる
　前述の通り、ネガティブな経験は長期記憶に定着しにくいので、学んだ内容を忘れてしまうリスクが高まります。

②求められたレベルに達することがゴールとなる

　研修の目的は「学ぶこと」「習得すること」ではなく、「ビジネスで結果を出す」ことです。しかし、このようなネガティブなオープニングでは、「求められているレベルに到達しなければいけない」ということに意識が向きます。

　つまり、そこがゴールと認識されることになり、本来の目的であるべき研修後の実践まで意識が向きにくくなります。

　これらの点から、**ネガティブなオープニングよりもポジティブなアプローチによるオープニングが、より適切**と言えるでしょう。

オープニングデザインの6つのポイント

　では、どのようにしてポジティブに学ぶ意欲を高めてもらうことができるでしょうか。以下では、オープニングをデザインする際の6つのポイントを紹介します。

POINT!

◎オープニングデザインの6つのポイント
- ●ポイント①　参加者の最大の関心事を打ち破る
- ●ポイント②　ネットワーキングを促す
- ●ポイント③　研修内容に関連性がある
- ●ポイント④　自尊心を維持、もしくは高める内容である
- ●ポイント⑤　講師も参加者も楽しめる内容である
- ●ポイント⑥　好奇心をくすぐる要素がある

ポイント①　参加者の最大の関心事を打ち破る

人は最初と最後の情報を記憶しやすいので、研修開始時には、記憶に留めてもらいたい大切な内容から開始します。

一方で、**研修参加者は、研修開始時刻に物理的には会場にいるものの、頭の中は研修に集中できているとは限りません**。送り忘れたメールや対応が必要な電話など、研修とは関係ないこと（最大の関心事）が気になって集中できない状態であることも珍しくありません。そこで、そうした最大の関心事について考えることを中断してもらい、研修内容に集中してもらう必要があります。

◎参加者の最大の関心事を打ち破る：実践例・ポイント

　参加者に手や口を動かすこと、つまり、書いたり話したりしてもらう（書いたり話したりするためには、最大の関心事について考えることを中断せざるを得ない）

- 問いかけをして、答えを考えて書き留めてもらったり隣の人と対話してもらったりする

- 講師が一方的に長々と話す
（聞いているふりをしながら、ほかのことを考え続ける可能性が高い）

ポイント②　ネットワーキングを促す

過度なストレスや緊張状態は効果的な学習の妨げになります。研修開始時は、参加者同士もまだ関係性ができていないため、緊張していることも多いものです。このような**緊張を和らげるために、参加者同士が対話する**

機会を設けます。

◎ネットワーキングを促す：実践例・ポイント

- グループ内など少人数での自己紹介
- 問いかけに対する答えを周囲の人と一緒に考える

- 全員の前で1人ずつの自己紹介
- 事前課題の理解度確認問題を出し、1人ずつ指名して答えさせる

　なお、**全員の前で1人ずつ自己紹介を行うのは、とても緊張感の高いアクティビティ**です。過度なストレスや緊張状態を和らげるには逆効果と言えるでしょう。

　また、参加者は自分の話すことを考えるため、ほかの人の自己紹介を聞く余裕がなく、結果として自己紹介を行っても情報共有という観点からは効果が薄くなります。

ポイント③　研修内容に関連性がある

　緊張を和らげたいという意図で楽しめる要素があることを工夫するのは大切なことです。ですが、研修と関係ない内容で盛り上がることは時間の無駄であると感じる人も少なくありません。

　楽しめて、かつ、研修の内容と何かしらの関連性をもたせる工夫が大切です。

◎研修内容に関連性がある：実践例・ポイント

- 研修内容に関連性のあるクイズを出題する
- 自己紹介のトピックとして、研修の内容に関係あることを含めてもらう（例：リーダーシップ研修で「尊敬する歴史上の人物」を自己紹介に含めてもらう、など）

- 研修内容とは関係のないアクティビティや自己紹介で盛り上がる
- 世間や社内で最近話題になっていることなど、研修内容に関係のない話をする

ポイント④　自尊心を維持、もしくは高める内容である

　嫌な状況に置かれたら、そこから逃れたいと思うのは自然なことです。
　冒頭で紹介したCASEのように、研修のオープニングで自尊心が傷つくような状況になると、早く研修が終わってほしい、と思うようになります。そしてネガティブな感情とともに研修での学びは忘れ去られてしまう確率が高まります。
　自尊心を高めることまではできなくても、せめて傷つけることのないようにします。

◎自尊心を維持、もしくは高める内容である：実践例・ポイント

- ペアや数人のグループなど少人数での自己開示をする
- 研修に参加してくれたことに敬意を表する
- 事前課題の確認を行う場合、自己採点など成績を公開しない工夫を図る

Instructional Design Handbook　157

- ダメ出し
- わざと失敗させる
- できていない・業績が悪いから研修に送られたという趣旨の発言
- 事前課題が未完了だったり、成績が良くなかったりすることを公表する

ポイント⑤　講師も参加者も楽しめる内容である

　講師も参加者も人間ですから、お互いの空気は伝染します。
　和やかに楽しい雰囲気で研修を行いたいのであれば、途中から切り替えるのではなく、オープニングから、そして参加者だけではなく講師も楽しい空気をつくりましょう。最初は緊張した空気が漂った中、オープニングを行い、その後途中で空気をがらりと変えるのは難しいものです。また、講師がガチガチに緊張してしまっていては、参加者にも伝染します。

◎講師も参加者も楽しめる内容である：実践例・ポイント

- 開始時刻より早く会場に到着している参加者に、講師から笑顔で話しかける
- 参加者に問いかけたり、課題に取り組んでもらったりして、参加者が口と手を使う機会を早いタイミングでつくる

- 緊張した面持ちで講師の自己紹介を行う
- 研修目的、アジェンダなど、緊張した空気の中で講師が一方的に話し続ける

ポイント⑥　好奇心をくすぐる要素がある

　退屈なものに対しては学ぶモチベーションは高まりません。「これから何が始まるんだろう？」「次は何だろう？」「これは何だろう？」と、好奇心をくすぐる要素を用意しましょう。

◎好奇心をくすぐる要素がある：実践例・ポイント

- 掲示物やグッズなど、興味を引くものを置いておく
- 研修で取り扱うもの（商品、機械、など）の実物を用意できる場合は、実物をテーブルに置いておく
- 最初に問いかけやクイズが出され、その先が知りたいと思える内容にする

- 地味で無機質な空間で参加者を迎える
- この研修が企画された背景、位置づけなどを淡々と事務局や講師が話す

オープニングのデザイン例

効果的なオープニングデザインのパターン

　オープニングの6つのポイントを取り入れた、効果的なオープニングデザインのパターンをまとめます。

> **POINT!**

◎効果的なオープニングのデザイン

1. 研修内容と関連性があり、インパクトのあるアクティビティ
参加者の最大の関心事を打ち破り、研修内容に意識を集中させ、インパクトのある内容にする。人は最初と最後を良く記憶するので、研修の内容の大切なメッセージをここに入れる。問いかけやクイズなどで考えてもらったり、参加者が手を動かすワークを入れたりするなどして巻き込む

2. 研修目的やアジェンダの説明
得たい成果、目的と内容がどうリンクしているかを明確にする
開始、終了時刻を確認するほか、休憩時間を伝えておくことで参加者の途中の離席を防ぐ効果もある

3. グラウンドルールの確認
「建設的な発言をする」など研修を充実させるための依頼を伝え、参加者の了解を得る。3つは講師が提示し、4つめは各チームで設定してもらうなど自主性を促す方法も有効

4. 参加者同士の自己紹介
ペアや数人のグループ内での自己紹介とする。この際、研修の内容に関連する情報も盛り込んだ自己紹介になるよう導く。また1人あたりの時間の目安を伝えるなどし、参加者間でのばらつきが大きくならないように配慮する

5. 講師の自己紹介
このテーマ・内容で講師を務めるにふさわしい人物であることがわかるような自己紹介の内容にする。配布する資料やワークブック、壁の掲示物にプロフィールを掲載しておくことも有効

　この1〜5の構成要素を盛り込んだオープニングを、**1日の研修であれば20分程度**の時間をかけて行います。**2日間の研修であれば30分程度**かけても良いでしょう。

一方、３時間など**短時間の研修であれば５分から10分程度**になりますが、その場合は３や、参加者同士が良く知っている人同士であるなど状況によっては４も省くことも可能ですし、１、２、５についても短時間で行います。

　１がなく、２〜５のみを行うオープニングをよく見かけますが、それでは参加者が学ぶ姿勢を整え、場づくりをするという観点からは不十分です。また、２と３は講師が一方的に説明するスタイルになってしまいがちなので、オープニングの６つのポイントのひとつめである「最大の関心事を打ち破る」という点がクリアできません。

　以下では、このパターンをもとにした具体的なオープニングのデザイン例を紹介します。

例１：部下育成スキルについての１日研修（オープニング：20分）

1	アクティビティ（問いかけ）	2分	「社会人になってから今までのキャリアの中で、"あの人のおかげで成長した"と思える昔の上司・先輩、お世話になった人を思い浮かべてください。その人が何をしてくれたおかげで、"成長した"と思うのでしょうか？　それを付箋に書き留めてください」 ＊講師自身の体験を例として話すと、より具体的にイメージできる
2	目的とアジェンダ	5分	今日の研修は、将来皆さんが部下や後輩からそのような存在として思い出してもらえるようになるための１日であると伝え、目的とアジェンダを確認する
3	グラウンドルール	2分	あらかじめ設定したグラウンドルールを紹介する、もしくは、一部は参加者に考えてもらう

Instructional Design Handbook　161

4	参加者自己紹介	9分	1で書き留めた内容を紹介しつつ、参加者同士の自己紹介をグループ内で行う
5	講師自己紹介	2分	この研修のテーマについての実績や経歴がわかるような自己紹介を行う

　このデザインの場合、6つのポイントをどのように実践しているかを検証します。

◎**オープニングのポイントをレビューする**

●**ポイント①　参加者の最大の関心事を打ち破る**
→冒頭に問いかけがあり、個人で付箋に書き留めることを求められるので、ほかの関心事を考える暇はなくなる

●**ポイント②　ネットワーキングを促す**
→書き留めた内容を含めた自己紹介をグループ内で行うことでネットワーキングできる

●**ポイント③　研修内容に関連性がある**
→問いかけの内容が今日のテーマなので、関連性あり

●**ポイント④　自尊心を維持、もしくは高める内容である**
→自尊心を高める要素はなくても、傷つける要素がないのでOK。チーム内で自己紹介をする際に、もし自分が話した内容にほかの参加者が興味をもってくれたら、自分が貢献できたと感じられるのでプラスに働く効果が期待できる

●**ポイント⑤　講師も参加者も楽しめる内容である**
→冒頭の問いかけの際に講師の体験談を話すことで、講師自身も楽しみながら、参加者同士の自己紹介を傍聴できる。参加者同士もいろいろなエピソードが聞けて楽しめる

●ポイント⑥　好奇心をくすぐる要素がある

　→研修の冒頭は退屈な挨拶や目的の説明などを想定している人が多い中、自分の経験を付箋に書くことを求められた時点で、これをどう使うのだろうと好奇心をもってくれることを期待できる

例２：専門性が高い知識の３時間研修（オープニング：10分）

1	アクティビティ （ペアワーク）	3分	「〇ページの文章を見てください。今日これから皆さんに学んでいただく内容の一部について、書かれています。実はこの文章には、間違いが３ヶ所あります。それはどこでしょうか？」 →個人で１分考えたのち、ペアで共有し考えてもらう
2	目的とアジェンダ	2分	今日の研修が終わる時には自信をもって答えられるはず、終了時に答え合わせをする、と伝え、目的とアジェンダを確認する
4	参加者自己紹介	3分	参加者同士の自己紹介をグループ内で行う
5	講師自己紹介	2分	この研修のテーマについての実績や経歴がわかるような自己紹介を行う

こちらも同様に、６つのポイントをどう実践しているかを検証します。

◎オープニングのポイントをレビューする

●ポイント①　参加者の最大の関心事を打ち破る

　→冒頭に問いかけがあり、個人で考え、ペアで共有することを求められるので、ほかの関心事を考える暇はなくなる

●ポイント②　ネットワーキングを促す

　→冒頭のペアワークに続き自己紹介をチーム内で行うことでネット

ワーキングできる

- ●ポイント③　研修内容に関連性がある
  →問いかけの内容が今日のテーマなので、関連性あり

- ●ポイント④　自尊心を維持、もしくは高める内容である
  →自尊心を高める要素はなくても、発表を求めないため、間違っていたりわからなかったりしても自尊心を傷つけるデザインではない。間違い探しの際に、答えがわかったら自信につながるので自尊心を高めることへのプラス効果が期待できる

- ●ポイント⑤　講師も参加者も楽しめる内容である
  →冒頭の間違い探しの様子を見ることで講師自身も楽しめたり、参加者同士の自己紹介を傍聴することで楽しめる。参加者も正解が知りたい気持ちになり学ぶ楽しみが生まれる

- ●ポイント⑥　好奇心をくすぐる要素がある
  →研修の冒頭は退屈な挨拶や目的の説明などを想定している人が多い中、間違い探しをすることを求められた時点で、正解が知りたくなり、好奇心をもってくれることを期待できる

　オープニングはこのようにデザインしていくのですが、構成要素5つのうち2〜5は比較的標準化しやすい内容です。

デザインにおいてポイントとなるのは、「1．研修内容と関連性があり、インパクトのあるアクティビティ」を何にするかという点です。

　次のページでは、そのバリエーションを見ていきましょう。

オープニングのアクティビティの手法

概要がわかるストーリーを話す

　これから始まる研修内容の全体像がイメージできるような、**講師の体験談や事例**などを話します。そのストーリーテリングの途中で参加者に問いかけをし、さらにはペアで続きを予想してもらったりすることで、一方的にならず巻き込んでいくことが可能です。

◎**ストーリー例**
- 販売スキルの研修のオープニングで、講師の体験談として、お客さまの潜在ニーズをうまく引き出せた時の成功事例を話す
- コンプライアンス研修で、最近ニュースになった他社事例を取り上げて紹介する

問いかけに対して手を挙げてもらう

　「～したことがある人」「～を知っている人」「～を持っている人」など研修の内容に関係のある問いかけをし、該当する人に手を挙げてもらいます。
　なお、この際、**手を挙げたからといって指名しないと約束する**ことで安心して挙手してもらいます。自分以外の参加者の様子を知ることができ、参加者の興味を引くことが期待できるでしょう。

Instructional Design Handbook　165

問いかけをする

　研修内容と関連がある問いかけをし、考えてもらう方法です。

　先ほど163ページで挙げた例では、個人で考え、書き留めたのちにペアやグループで話してもらう方法を紹介しましたが、必ずしも誰かとシェアする必要はなく、個人で考えてもらうだけでもかまいません。

◎**問いかけ例**

● 皆さんがお客さまに言われて一番嬉しい言葉は何ですか？
● この３つのうち、どれが正解だと思いますか？

約束をする

　この研修に参加することで得られることを、講師が参加者に約束します。参加者はそこにメリットを感じ、研修内容に興味をもって参加してくれることが期待できます。

◎**約束例**

● 「この３時間が終わったら、こうした難問に対しても皆さんは自信をもって答えられるようになります！」
● 「今日の研修が終わる時には、この課題について、３つの解決方法が必ず見つかります」

普通ではない統計を使う

研修内容に関連することで、「〇%がどうだ」などという統計データを紹介するテクニックです。その数字が意外なものであれば、「へー！」と興味をもってもらえます。

◎**統計例**

- 弊社の新製品○○について、マーケットでの認知度は先週は○%でしたが、今週の速報では何%アップしたと思いますか？（営業研修）
- 「理想の上司」が今年も発表されましたが、今年は男性・女性それぞれ誰だったか知ってますか？（リーダーシップ研修）
- ○○を購入したお客さまへのアンケートで、60%の人が選んだ理由のトップとして挙げたのは何でしょうか？（製品知識研修）

視覚教材を使う

写真や動画などの視覚教材を使うオープニングのテクニックです。言葉よりもインパクトがあります。

◎**視覚教材例**

- 薬の効果の研修で患者さまの声の映像を見てもらう
- 顧客へのインタビュー映像を見てもらう
- Before/Afterが比較できる写真を紹介する

Work Sheet 07
オープニングのフレームワーク

項目	時間	内容
1　アクティビティ	分	
2　目的とアジェンダ	分	
3　グラウンドルール	分	
4　参加者自己紹介	分	
5　講師自己紹介	分	

●オープニングデザインの6つのポイントを自己評価する

☐ 参加者の最大の関心事を打ち破ることができるか？
☐ ネットワーキングを促しているか？
☐ 研修内容に関連性があるか？
☐ 自尊心を維持、もしくは高めるものか？
☐ 講師も参加者も楽しめる内容か？
☐ 好奇心をくすぐる要素はあるか？

各トピックのオープニングをデザインする

新しいトピックのオープニングをどうデザインするか

　ここまで、研修の冒頭のオープニングデザインを見てきましたが、オープニングというのは研修の冒頭だけではなく、新しいトピックに移行した際にはそのトピックのオープニングが必要です。

　詳細は「2-5：研修コンテンツを作成する」で紹介しますが、ここまでに紹介したさまざまなオープニングの手法は、そのような新しいトピックのオープニングとしても活用できます。

クロージングをデザインする

クロージングの役割とは？

　オープニングの次は、クロージングをデザインします。人は最初と最後を記憶しやすいので、オープニング同様、クロージングのデザインもとても重要です。

　クロージングは、研修後に学びを実践に移してもらうためにも重要ですので、大切なポイントを記憶に定着させ、職場に戻ってからの実践への移行をサポートするデザインを行います。

よくあるクロージングの失敗例

　以下では、クロージングの失敗例をもとに、原因と改善方法を考えていきます。

◎ CASE3

　研修終了予定時刻の30分前、講師の森川さんがこう話しています。

「皆さん、ここで最後に取り組んでいただく課題があります。今日の学びを活かして、グループで〇ページの課題に取り組んでみてください」

　参加者は、グループ内でディスカッションをしながら、答えを記入しています。半数以上はすらすらと答えられている様子ですが、皆が

悩んでいる箇所が２〜３ヶ所ある様子です。答え合わせをしてみると、５問中３問は正解が出てきましたが、残りの２問は間違えたグループがほとんどでした。森川さんは続けます。

「皆さん、２番と３番が難しかったようですね。今日１日ですべてが身についたわけではありません。これからも継続して自己学習することが大切です」

◎ CASE4

　研修終了予定時刻の10分前、講師の山口さんが話しています。

「残り時間が10分となりました。○ページと○ページは、また後日お読みください。今日は時間がないので、説明は省略させていただきますが、参考にしていただきたいページですので、ぜひ目を通しておいてください。では今日の研修のポイントをまとめます。今日のポイントは大きく５つありました。まず１つめ……」

　参加者の皆さんは、机の上を整理したり、自分の持ち物を片づけたりし始めています。中には手帳を開いて何やら予定の確認をしている人も現れました。
　山口さんは思わず、「まだ研修は終わっていませんよ。最後まで集中しましょう！」と言いました。

◎ CASE5

　研修終了予定時刻になり、ちょうど研修が終了しました。事務局の

岩田さんがアンケートを配りながら話し始めました。

「皆さま、研修のご参加お疲れさまでした。ちょうど終了の時間となりましたが、ぜひアンケートにご協力いただければと思います。お時間の許す限りで結構です。どうぞよろしくお願いいたします」

　アンケートを受け取って記入し始める人が大半ですが、中には、次の予定があるからということで、アンケートは後日提出することにして退席する人も数名います。

　この3つのCASEは何が良くないでしょうか。

　CASE3では、最後に皆がつまずくような難問を出して、「もっと勉強しなくてはいけない」という意識をもってもらおうという意図でした。
　しかし、くり返し述べているように、ネガティブな感情は長期記憶への定着を妨げます。**最後に苦手意識をもたせることは、研修内容の記憶への定着と実践につなげるという意味では逆効果**です。
　難しい問題にも取り組んでもらいたいのであれば、クロージングではなく、研修の途中で行い、最後は成功体験できるようなクロージングを行います。

　CASE4とCASE5は、研修の最後になり、時間が足りなくなって焦っているのが共通していることです。
　いくら講師が「最後まで集中しましょう」と声をかけても、参加者の集中は途切れていて、効果的なクロージングになっているとは言えません。
　また、アンケートを最後に記入した場合、記憶に残る大切なポイントのひとつである「最後」の瞬間を、アンケートが奪っていることになります。アンケートに自分が記入した内容を記憶してもらいたいのであれば意

味がありますが、ほとんどのアンケートはそのような意図や内容になっていないように感じます。

　アンケートは数分前に回収し、その後のクロージングでは本当に意味のある大切な内容で終了するようにデザインします。

クロージングデザインの3つのポイント

　効果的なクロージングをデザインする際の3つのポイントについてご紹介します。

> **POINT!**
>
> ◎**クロージングデザインの3つのポイント**
> - ●ポイント① アクションプランを立てる
> - ●ポイント② 祝う
> - ●ポイント③ すべてを結びつける

ポイント① アクションプランを立てる

　研修はイベントではなくてプロセスです。

　研修の目的は、ビジネス上の成果を出すことです。ですので、研修での学びを、何をどう実践するか、その**アクションプランを立ててもらうことがクロージングの大切な要素のひとつ**です。

　職場に戻ってからアクションプランを立ててください、と伝えるのではなく、記憶が鮮明なうちに、研修のクロージングの時間に立ててもらうようにします。

　ただし、研修終了時にその全部の内容について振り返って書くのではな

Instructional Design Handbook　173

く、クロージングもオープニング同様、トピックごとに時間をとり、その都度、アクションプランに入れるべき項目を書き出しておいてもらいます。

　たとえば１日研修であれば、１日のうちに数回その時間をとっておき、１日の最後のクロージングの際には、そこまでに書き溜めた内容を振り返りながらまとめてもらうようにします。

◎アクションプランを立てる：実践例・ポイント

- イメージが具体的であればあるほど実践率が高まるので、抽象的な言葉ではなく、可能な限り具体的に書いてもらう（5W1Hを明確にする、など）
- うまくいかない状況も想定し、それをどう乗り越えるかもイメージを描いてもらう

- 「職場に戻ったら忘れないうちにアクションプランを立ててください」と伝えるだけで研修のクロージングで時間をとらない
- 「～を意識する」「～に気をつける」など具体的ではない表現のままにする

【アクションプラン　シート例】

○研修中に記入するシート例

学び・気づき・重要ポイント	実践・活用のアイデア

○研修後の実践へ向けてのアクションプラン例

今回の研修での学び・気づき　ベスト3

1.

2.

3.

実践計画

目的・目標	アクション	期限

ポイント②　祝う

　クロージングでは、達成感を味わったり、成功体験で終了したりすることで、この研修に参加して良かったという感情をもって終了する工夫をします。

「知識が増えた」「以前はできなかったことができるようになった」などの事実を確認し、ドーパミンが分泌され、もっと学びたいという意欲や、職場に戻って早く実践したいというモチベーションを高めるのが狙いです。

◎祝う：実践例・ポイント

- 最終確認テストでは満点がとれるような内容・レベルにする
- 研修スタート時に取り組んだ課題に再度取り組んで、知識・スキルが増えたことを実感してもらう
- アクションプランを共有し、お互いに励ましのコメントを述べ合ってもらう

- わざと難しい課題を出し、失敗やできないという経験で終わる
- 得た知識やスキルを実感しないまま終わる

ポイント③　すべてを結びつける

　脳は関連性で物事を記憶し、関連性で思い出すのが得意です。研修で学んだ内容がバラバラのままにならないように、全体を俯瞰し、関連性を整理する時間をクロージングに取り入れます。
　「これまでにもっていた知識や経験にどう関連するのか」「今日学んだ内容は、全体的にはどうなっていて、それぞれはどう関連しているのか」「優先順位はどうなのか」などを整理するのです。
　これによって、細部は理解しているけれども全体像を見失っているようなことを防ぎます。

◎すべてを結びつける：実践例・ポイント

OK例
- 各項目の重要ポイントを自分の言葉であらためて表現してみる
- 学んだ内容やポイントを、職場で実践する際の流れに沿って整理する
- 学びや実践しようと考えていることの優先順位を整理する

NG例
- 細部に焦点を当てた確認テストなどだけで終了する
- 大事なポイントを講師がまとめて話し、参加者は聞くだけの受け身な状態で振り返る

クロージングのデザイン例

参加者が主体的に行うクロージングのパターン

　大切なことは、これらの3つのポイントを実践する際に、**講師がしゃべるのではなく、参加者に主体的に動いてもらう**ことです。

　講師がまとめて話すのを参加者が聞くのではなく、参加者自身がページをめくって振り返り、書き出したり、答えたり、話したりするようにデザインします。

　クロージングの3つのポイントを取り入れた、効果的なクロージングのデザインは次のページのようなパターンになります。

POINT!

◎効果的なクロージングのデザイン

1．アンケート記入
　一通りのコンテンツが終了したところで、先にアンケートに記入してもらいます

2．習得したことの確認をする
　その日の内容を振り返り、全体感、優先順位の整理などを行ったり、理解度チェッククイズなどで習得内容の確認を行ったりします

3．アクションプランを立てる
　個人でアクションプランに落とし込んで書き出し、ペアやグループで共有します

4．メッセージ性のあること
　3まで行い、講師からの励ましの言葉で終了しても良いのですが、記憶への定着や実践に向けての意欲を高めるよう、インパクトのある内容を最後に加えることも効果的です（例：研修内容を実践して大きな成果を出した事例の紹介、行動を促す言葉、成功場面をイメージしてもらう、写真や映像の活用、など）

　なお、4の「メッセージ性のあること」ですが、たとえば次のような内容が考えられます。

◎例：メッセージ性のあること

● 営業研修のクロージングで、研修で学んだプロセスを実践した結果、営業成績がぐっと伸びた人の事例を紹介する

● 部下育成スキル研修で、研修で学んだことを実践した結果、離職率が下がった部門の事例を紹介する

● クロージングの際、隣の席の人同士でお互いに実践に向けての激励メッセージを書いてプレゼントし合ってもらう。その際、利き手とは逆の手で書いてもらう。最後に講師から次のようなメッセージで終える

　（例）「何事も、新しいことを始めようとすると、最初は慣れずに戸惑うものです。利き手と逆の手で字を書くのに戸惑ったように。でも練習すれば慣れてきて、うまくできるようになります。皆さんも今日の学びを実践する際に、最初からうまくできなくても、すぐにあきらめないでください」

● 研修での学びを実践した結果、良い成果が出た際、誰に何と言われる・言われたいかをイメージし、それを共有してもらう

　（例）お客さまからこんなコメントを聞きたい、など

● チームメンバーが笑顔で成果を称え合っている写真を見せて次のように伝える

　（例）「皆さんのチームもメンバーがこのような瞬間を迎えられるよう、今日のチームビルディング研修の内容を早速明日から実践に移しましょう！」

　この１～４を、**１日の研修であれば20分程度**の時間をかけて行います。**２日間の研修であれば30分程度**かけても良いでしょう。

　逆に３時間など**短時間の研修であれば５分から10分程度**になりますが、その場合は、各項目を短時間で行います。

では具体的なクロージングのデザイン例を見ていきます。

例１：部下育成スキルについての１日研修（クロージング：20分）

1	アンケート記入	3分	アンケートに記入してもらう
2	習得したことの確認をする	5分	研修の基本的な内容が確認できるような〇Xクイズを実施。各チームで答えを考えてもらい、答え合わせをする
3	アクションプランを立てる	10分	どの部下に対して何をどう実践するかを考え、書き出す個人ワークの後、3人で共有
4	メッセージ性のあること	2分	「将来皆さんが部下や後輩から『この人がいたから成長した』という存在として思い出してもらえ」た時に、どんな上司だったと言われたいかを考えてもらい、ペアで共有してもらう

　このクロージングのデザインの場合、クロージングデザインの３つのポイントをどのように実践しているかを検証します。

◎クロージングデザインのポイントをレビューする

　ポイント①　アクションプランを立てる
　　→アクションプランを書き出して共有する機会あり

　ポイント②　祝う
　　→〇Xクイズは全チーム全問正解するはずの内容なので、今日はこれを学んだという実感につながることが期待できる。また最後に自分が部下から言われたい言葉をイメージすることで、前向きな気持ちになってもらえることも期待できる

　ポイント③　すべてを結びつける
　　→〇Xクイズで主要ポイントを整理できる。また、部下を思い浮かべることで現実とも結びつけられる

180

例２：専門性が高い知識に関する３時間研修（クロージング：７分）

1	アンケート記入	1分	アンケートに記入してもらう
2	習得したことの確認する	3分	理解度チェッククイズに取り組んでもらい、答え合わせを行う
3	アクションプランを立てる	3分	何を職場で実践するか、３つ書いてペアで共有し、最後に講師から参加への感謝と励ましを伝えて終了

　こちらも同様にクロージングデザインの３つのポイントをどのように実践しているかを検証します。

◎**クロージングデザインのポイントをレビューする**

● ポイント①　アクションプランを立てる
　→アクションプランを書き出して共有する機会あり

● ポイント②　祝う
　→理解度チェッククイズは全チーム全問正解するはずの内容なので、今日はこれを学んだという実感につながることが期待できる。また講師からの感謝と励ましの言葉もポジティブなメッセージになる

● ポイント③　すべてを結びつける
　→理解度チェッククイズで主要ポイントを整理できる

クロージングを工夫するには？

　クロージングもオープニング同様、さまざまな工夫をしたいところです。
　〇×クイズや間違い探しなど、理解の確認をするところで変化をつけたり、最後のメッセージを添えたりするのであれば、そこで何を話すか、ど

Instructional Design Handbook　181

んな写真や映像を活用するか、などが工夫できるポイントです。

　また、共有する相手をいつも固定せず、いろいろな人と組むようにファ
シリテーションを行うことで変化をつけることも可能になります。

Work Sheet 08
クロージングのフレームワーク

項目	時間	内容
1　アンケート記入	分	
2　習得したことの確認をする	分	
3　アクションプランを立てる	分	
4　メッセージ性のあること	分	

●クロージングデザイン3つのポイントを自己評価する

□ アクションプランを立てられているか？
□ 祝っているか？
□ すべてを結びつけているか？

2-5

研修コンテンツを作成する

　ステップ5では、いよいよ研修コンテンツを作成していきます。

　普通、研修の準備というと、この「コンテンツ作成」をイメージされる方も多いでしょう。また、「コンテンツ作成＝スライドをつくること」というイメージをおもちの方もいるかもしれませんが、本書で紹介するコンテンツ作成は、まったく違うものです。

　ここまでのニーズ分析、参加者分析、目的設定、オープニング・クロージングデザインに基づき、研修の中身を検討していく段階です。具体的な手法を見ていきましょう。

本項の
Key word

「コンテンツを決めるプロセス」
「3つの優先順位」
「コンテンツと時間枠」
「研修の手法」

研修コンテンツ作成のプロセス

研修コンテンツ作成のよくある失敗

ここではいよいよ研修コンテンツの作成に取り組みます。

インストラクショナルデザインの**ステップ１〜３で検討した内容からず**
れが生じないよう、軸を明確にしてコンテンツを決めていくことが大切で
す。

しかし実際のところ、研修コンテンツに何を入れるかを検討する際、次
のような発想に陥りがちですので、注意が必要です。

◎**研修コンテンツ作成のよくある失敗**

● **過去のコンテンツをベースにする**

同じようなテーマの研修をこれまでにも行ったことがある場合、過
去の研修を参考に、つぎはぎで作成を進めてしまうことがある。再利
用できるものはすれば良いが、今回の対象者や目的に合った内容かど
うかを常に主軸に考える必要がある

● **テーマからイメージする一般的な内容にする**

「営業スキル研修といえばこんな内容」「新入社員研修といえばこんな
内容」などと、テーマから一般的にイメージできる内容があるとして
も、はたしてそれが今回の対象者、今回の目的に合った内容か検討が
必要

研修コンテンツ作成の３つの要素

本項では、研修コンテンツ作成のプロセスを紹介していくことになりま

すが、大きく分けて「コンテンツの中身を検討する」「時間配分に応じて
デザインする」「手法を決める」という3つの要素について、検討してい
きます。

　以下では、135ページで紹介したCASE（新入社員に対する渡辺さんの60分
研修）をもとに、考えていきましょう。

　2-3において、渡辺さんは、以下のような目的とコンテンツを準備して
いました。

◎渡辺さんのCASE（Before）

【目的】
　営業部の役割と業務について学ぶ
【コンテンツ】
　1．営業部のミッションと戦略について
　2．大口顧客での自社製品導入事例
　3．営業担当者として大切にしていること

　目的の設定が抽象的で、明確に設定し直す必要があるというのは、前述
の通りです。

　そこで、今回は全部署の新入社員が対象の新入社員研修の一部であると
いうことを考え、目的は次のように設定し直したと仮定しましょう。

1．自社製品のどこがどう顧客から評価されているかを知り（知る）、自社
　および自社製品に対してプライドをもつ（感じる）
2．相手のニーズに合わせた提案をすることの大切さを表現できるように
　なる（行う）

　このような目的に対して、どのようなコンテンツを準備すれば良いか、
具体的に検討します。

コンテンツは何を入れるか

コンテンツを決めるプロセス

コンテンツに何を入れるのかを決めるプロセスとしては、「**拡散→収束**」という一般的なブレインストーミングの手法を用います。最初から、「このトピックの場合はこれとこれが必須」などという思い込みを排除し、**参加者分析と設定した目的に対して何が必要かをあらためて検証する**ためです。

ブレインストーミングの手法は、やり慣れたものがあればそれを活用するのが良いでしょう。個人的にお勧めなのは次の2つです。

付箋を活用する

コンテンツに何を入れるのか、思いつくままに付箋に書き出していきます。その際、1枚に1項目ずつ書きます。書いた付箋をホワイトボードや壁などに貼った後に、グルーピングしたり、取捨選択したりしていきます。

◎**付箋を使ってコンテンツを検討する**

研修に入れたい内容を付箋に書き出す（1枚に1項目ずつ）

書いた内容を貼り出す

項目の大きさをそろえたりして（大項目、中項目、小項目）、グルーピングする

その後、取捨選択を行う（選択の基準は後述）

マインドマップを活用する

　ブレインストーミングを行い、考えをまとめていくプロセスとして広く活用されているマインドマップですが、研修のコンテンツに何を入れるかというこの場面でも効果を発揮します。

　著者も実際に研修をデザインする際にはマインドマップをよく活用しています。

　マインドマップには次のようなメリットがあると感じています。

【マインドマップを活用するメリット】
- 考えがまとまるまでの時間が半分程度になった
- 全体像が一覧化できるので、抜けやモレ、矛盾に気づきやすい
- 研修全体の流れやロジックを整理しやすい
- 研修当日もマインドマップを手元に置き、全体の中で今どこにいるかを確認しながら進めることができる
- 慣れてくるとマインドマップだけで当日研修を進めることができるようになる

コンテンツを選択する

　ブレインストーミングを行い、拡散から収束に進む際の「取捨選択の基準」について検討していきます。

取捨選択の基準① 　優先順位

　教える側は、「あれもこれも全部大切だ」と考えがちです。

　ですが、情報量が多いことが必ずしも良いわけではありません。**伝えたからといって、相手が学んだとは限らない**のです。

「選択と集中」で、よりインパクトが高い研修にし、実践率を高めることを目指す指標として、次の３段階で優先順位づけを行います。

〈コンテンツを３段階の優先順位に分ける〉

重要項目	・目的達成のために重要な内容 ・研修後30日の間に実践する際に必須となる知識やスキル
補足	・後日必要になった時に参照すれば良い内容 ・知っていると役に立つかもしれない内容 ・余力や興味がある場合には学ぶと良い内容
参考資料	・参考図書、参考文献、ウェブサイトなどさらに知りたい人は何を見れば良いかの情報源

　当然のことながら、**研修の中では「重要項目」について時間をかけます。**

　説明し、ワークやディスカッションなどを行ったりして深めてもらう内容です。

「補足」は手元に資料として残し、必要に応じて参照してもらうようにします。

1-3で触れた忘却曲線を考えると、研修後30日以内に思い出す機会がない情報は忘れ去られてしまう可能性が9割以上です。ということは、実践に際して必要がなかった、かつ、忘れられる可能性が非常に高い、ということになります。つまりそれは、後日必要になった際に参照できるよう手元に情報として残っていれば良いという位置づけとなります。よって、重要項目ではなく、「補足」になります。

「参考資料」は文字通り参考として見てもらいたい資料ですので、研修の中で時間を使うことはなく、**より広く、深く知りたい人にとっての情報源を示しておく**という扱いになります。

取捨選択の基準②　対面でしかできないことか？

基準①によって、優先順位を決定し、研修コンテンツを「重要項目」だけに絞り込んでいきます。ここで、さらに絞り込んでいくために、「**この内容は対面の研修でしかできないことか**」を検討します。

つまり、書籍や資料を読んだり、動画を見たり、eラーニングで学べたりする内容であれば、わざわざ研修で時間を使う必要がありません。

そうした一方的な説明だけではなく、何かしらのディスカッションやワーク、講師やほかの参加者との対話を通してこそ学ぶ意義がある内容かどうかを確認します。

取捨選択の基準③　これを学べば目的は達成されるのか？

コンテンツを絞り込んだら、最後に次の問いで、逆方向に検証します。「**選んだコンテンツを身につければ、最初に立てた目的は達成されるのか？**」

もし欠けている要素があるのであれば、再検討して追加します。

コンテンツを選択する

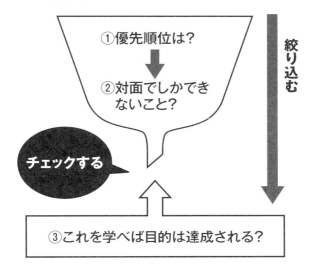

コンテンツを取捨選択する

コンテンツ検討例

コンテンツの「拡散」

　ここまでのプロセスをもとに、135ページのCASE（新入社員に対する渡辺さんの60分研修）のコンテンツを具体的に検討していきます。
　まず、「拡散」のため、研修に何のコンテンツを入れるか、ブレインストーミングを行い、以下をリストアップしました。

> ◎研修に入れたいコンテンツ案
>
> 1．営業部のミッションと戦略について
> 2．今年の注力新製品の実績
> 3．営業担当者として大切にしていること
> 4．大口顧客Aでの導入事例
> 5．大口顧客Aの担当者からのコメント
> 6．顧客から言われる当社製品の良いところ
> 7．営業部の役割
> 8．優秀な営業担当者はどこが優れているか
> 9．提案の仕方で同じ製品がどう違って見えるか

　この段階で注意したいのが、「ロールプレイ」「〜についてのディスカッション」などと、**研修手法を挙げないようにする**ことです。

　今はコンテンツを検討している段階です。**コンテンツが決定した後に、最適な手法は何かを検討します。**現時点で「ロールプレイ」などと手法に関する固定観念が入ることは避けます。

コンテンツの「収束」

　次に、出したものを絞り込んでいきます。くどいようですが、絞り込みをする際には目的に立ち返りながら行います。

> ◎今回設定した目的
>
> 1．自社製品のどこがどう顧客から評価されているかを知り（知る）、
> 　自社および自社製品に対してプライドをもつ（感じる）
> 2．相手のニーズに合わせた提案をすることの大切さを表現できるようになる（行う）

まず、優先順位について検討を行います。さらに「目的達成に向けて必要な内容はどれか？」という基準で絞り込みを行います。

192ページで拡散したコンテンツを、ひとつずつ検証していきましょう。

〈コンテンツを選択する〉

コンテンツ候補	優先順位	検討結果（目的を達成できるか？）
1. 営業部のミッションと戦略について	参考資料	新入社員に紹介したいとは思うものの、今回の目的には直結しない
2. 今年の注力新製品の実績	補足	新入社員にぜひ知ってほしいとは思うものの、今回の目的には直結しない
3. 営業担当者として大切にしていること	補足	新入社員にぜひ知ってほしいとは思うものの、今回の目的には直結しない
4. 大口顧客Aでの導入事例	重要項目	目的1に必要な情報
5. 大口顧客Aの担当者からのコメント	重要項目	目的1に必要な情報
6. 顧客から言われる当社製品の良いところ	重要項目	目的1に必要な情報
7. 営業部の役割	補足	新入社員にぜひ知ってほしいとは思うものの、今回の目的には直結しない
8. 優秀な営業担当者はどこが優れているか	補足	新入社員にぜひ知ってほしいとは思うものの、今回の目的には直結しない
9. 提案の仕方で同じ製品がどう違って見えるか	重要項目	目的2に必要な情報

このように検討した結果、今回の研修では、4、5、6、9に主に時間を使い、1、2、3、7、8については、知ってはもらいたいけれども、対面研修の場でなくても情報共有はできると判断しました。

コンテンツを選択する

【研修の目的】 4つの領域で設定する

【コンテンツを選択する】

コンテンツ候補	優先順位	検討結果（目的達成に必要か？）

コンテンツを時間枠に当てはめる

研修デザインの基本コンセプト

　ここまでのプロセスで絞り込んだ内容を、次のステップでは研修の時間枠に当てはめていきます。ここで活用するのは第1章でご紹介した、以下の基本コンセプトです。

POINT!

◎**復習：インストラクションデザインの基本コンセプト**

基本コンセプト2：90/20/8
- ・内容として意味のあるまとまりで、90分ごとの大項目を決める
- ・90分の中に20分ごとの意味のあるまとまりとして中項目を決める
- ・8分に一度の参画を入れる → 手法の選択は201ページを参照

基本コンセプト3：CSR
- ・各20分の内容について、学びのポイントを整理する
- ・学びのポイントを「説明する」以外に、どのような手法で学んでもらうかを検討する
- ・20分の内容のリビジットを入れる → 手法の選択は201ページを参照

基本コンセプト4：EAT
- ・20分の内容のCSRを、理論の説明から始めるのではなく、EATの順にできないかを考える

　以下では、この3つの基本コンセプトを、これまでに見てきた事例（135ページ、新入社員に対する渡辺さんの60分研修）に当てはめて考えます。

Instructional Design Handbook　195

時間配分を考える

まずは時間です。

このCASEの場合、研修時間が60分ですので、途中の休憩は必要ありません。

ざっくりとした時間配分は以下のように考えます。２つめと３つめの△の時間は15分にしています。

◎タイムテーブル例

5分	オープニング
20分	１つめの△
15分	２つめの△
15分	３つめの△
5分	クロージング

コンテンツを組み立てる

次に、それぞれの「△」に何を入れるかを整理します。

重要項目として選んだコンテンツは下記の４つでした。

「４．大口顧客Aでの導入事例」
「５．大口顧客Aの担当者からのコメント」
「６．顧客から言われる当社製品の良いところ」
「９．提案の仕方で同じ製品がどう違って見えるか」

このうち、4と5はひとつにまとめると良さそうなので、3つの△に分けると、次のようになります。

〈コンテンツを組み立てる〉

△	「4．大口顧客Aでの導入事例」 「5．大口顧客Aの担当者からのコメント」
△	「6．顧客から言われる当社製品の良いところ」
△	「9．提案の仕方で同じ製品がどう違って見えるか」

　この3つの△をどの順序でデザインするのが良いでしょうか。

　新入社員といっても、ある程度製品についての勉強はしています。

　そこで、理論などの説明から入る順序ではなく、**EAT（経験→気づき→理論）の順で組み立てる**ことを考えると、「顧客に言われる当社製品の良いところ」を新入社員がもっている知識も活用しながら最初のトピックとして取り上げ、次に具体的な事例紹介、最後に提案について考えるという順が良さそうです。

1つめの△	「6．顧客から言われる当社製品の良いところ」 ●当社製品についての知識の確認
2つめの△	「4．大口顧客Aでの導入事例」 「5．大口顧客Aの担当者からのコメント」
3つめの△	「9．提案の仕方で同じ製品がどう違って見えるか」 ●同じ製品について2種類の提案を例示

〈コンテンツ例〉

5分	オープニング	
20分	顧客から言われる当社製品の良いところ S：ここまでの新入社員研修で学んだ、自社製品についての知識を確認するクイズ C：解答、必要に応じて解説 S：顧客からの声ランキング予想クイズ C：解答、解説 R：「自分がもし営業担当だったら、一番言われて嬉しい言葉は何？　それはどうして？」 →個人で考えてペアでシェア	・研修までに学んだ知識を確認するというEATのデザインにする。学んだ知識について再度講義することを避ける ・顧客の声を知ることでプライドをもってもらう狙い
15分	大口顧客Aでの導入事例 大口顧客Aの担当者からのコメント C：大口顧客Aでの導入事例紹介 S：事例紹介の中で、顧客のニーズを紹介し、どんな提案をしたか予想してもらうグループワーク C：上記に対する解答、解説 R：この提案の成功ポイントを自分なりの言葉でまとめる	具体的な事例を紹介することで商品知識を深め、営業部の役割をイメージしてもらう
15分	提案の仕方で同じ製品がどう違って見えるか C：仮に同じ製品の提案の切り口を変えたらどんな提案になり得るか（プランB）紹介 S：実際の提案（プランA）とプランBの比較検討 C：営業部が提案をする際に大切にしている点5つを紹介 R：自分の業務で提案の機会に活かせることは何かを検討	プランBとの比較検討をすることで良い提案とはどんなものかを実感してもらい、それを自分の業務に当てはめて表現するという2つめの目的をここで達成
5分	クロージング	

オープニングのコンテンツを検討する

　ここまでに見てきたように、大まかにコンテンツを決定したら、次にオープニングとクロージングのコンテンツを作成します。
　まずは、ここまでに見てきたCASEを用いて、オープニングを検討します。

今回は、営業部のミッションや戦略、営業部の役割など、知ってはほしいけれども目的に直結しないために、割愛すると決めた内容がいくつかあります。渡辺さんは、それらは補足として配布資料の中には入れておくつもりです。

そこで、そのページも参照することを促し、かつ、新入社員でも知っているであろう「営業の役割」について一般的なイメージを考えるところからスタートしようと考えました。

◎**オープニング例**

次のような問いかけをし、新入社員に考えてもらうことからスタートします。

「皆さんがこれから数年後、マイホームを購入する決意をしたとします。モデルハウスを見に行ったりして、どこでどんな家を買うかを検討し始めました。さて、皆さんは、次のどの営業担当者に相談に乗ってもらいたいですか？」

選択肢を3つ用意し、描写します。

A：とにかく新しい機能の説明に終始する人
B：予算に合わせて妥当な案を提示するものの、いまひとつインパクトに欠ける案
C：顧客のニーズをしっかりと把握したうえでニーズに合った提案をする人

自分で考えたのち、ペアで共有します。
その後、この研修の目的、内容を紹介します。

Instructional Design Handbook　199

クロージングのコンテンツを検討する

　同様のCASEをもとに検討していきます。

　研修の目的には、「自社製品についてプライドをもつ」というものがありました。
　そこで、「今日の研修で学んだことを家族や友人などに話すとしたら」という設定で、自社の良さを自分の言葉で表現する、という課題を検討しました。それによって、自社製品へのプライドを感じてもらえないかと考えたのです。
　また、相手に合わせた提案ができることの大切さを感じてもらっているはずなので、それを今後どう実践したいかを考えてもらうことも入れました。

◎**クロージング例**
　　次の２点について、個人で考えて３人でシェアしてもらいます。

　①家族か親しい友人に、「やっぱりこの会社に入社を決めて正解だった！　だって顧客から○○って言われてるって今日営業部の人が言ってた！」と話すとしたら、何を言うか？
　②今後自分の業務でどんな提案をしてみたいか？

「手法」を検討する

　ここまで、新入社員に対する渡辺さんの60分研修のCASEをもとにコンテンツを作成してきました。

　ここまで見てきたCASEは、研修の時間が60分と短いこともあり、登場しなかった手法がほかにも多くあります。

　以下では、それらの概要や、活用に際しての注意点を紹介します。

設定した目的に合わせる

　どれだけ優れた手法だとしても、それが目的に適ったものでなければ、効果を発揮することはできません。そのため、**手法を検討する際も、「研修の目的」に基づいて考えることが大切**です。

　2-3目的設定の項目で、４つの領域で目的を設定することを紹介しました。**その４つの領域のどこに焦点を当てているかも手法選びに大きく影響する**のです。

　次の表は、４つの領域に分けて、手法の選び方のポイントと具体例をまとめたものです。

　目的を達成するために、どのような手法を選択すれば良いか——それを検討するうえで参考にすると良いでしょう。

Instructional Design Handbook　201

〈目的の４つの領域と手法〉

	ポイント	具体例
認知領域	・知識のインプットであってもいかに一方的な説明を減らすかがポイント ・EATの順（課題やディスカッションを行い、それに解説する形で伝えたいコンテンツを伝える）ことはできないか検討する	課題、クイズ、問いに対してディスカッションをしたりして、まずは自分たちで考えてもらう、など
感情領域	・「〜を心がけましょう」などと言葉で伝えて人の気持ちが変わることは期待しにくく、人の感情を動かすにはそれなりのインパクトが必要 ・うまくいった状態を実感してもらい、「自分もそうありたい」と思ってもらうのがベスト ・ネガティブなプレッシャーは避けたいが、「これは避けたい」という危機感も程度によっては効果が期待できる	・疑似体験、顧客の声、視覚に訴える方法、成功事例の共有、成功イメージのビジュアル化、など ・疑似体験（うまくいかないケース）、顧客の声、失敗事例、リスクについての検討などで避けたい結果を実感し、対処法を検討する、など
行動領域	・頭で理解しただけではスキルの習得はできないので、必ず研修デザインの中に練習の時間を設ける ・研修中に成功体験を積むことで、職場に戻ってから実践する意欲と自信をつけてもらう	・スキル練習 ・自分の行動について、何をどう変えるかを具体的にイメージし、書き出したり、誰かとシェアしたりする
対人関係領域	・行動領域同様に、スキルであれば練習が必須 ・考えられる状況を設定し、その状況に合わせた対応ができるような練習を組み込む ・起き得る状況を想定して、自分の行動を具体的にイメージしてもらう	状況を想定したスキル練習やイメージトレーニング、など

「選択の自由」を提供する

　課題やケーススタディなどを行う場合、参加者に「選択の自由」を提供できるように準備します。ケースをひとつしか用意しないのではなく、複数用意し、どれに取り組むかを選んでもらうのです。

　こうすることで、より自分たちの状況に近いものを選んだり、挑戦した

い難易度を選んだりする自由が生まれます。

こうしたことも、やらされ感の軽減、研修の内容を実践に結びつける度合いの向上に役立ちます。

ストーリーテリング

研修の中で講師の体験談や事例を共有する場面では、できるだけ感情移入してもらい、印象に残すような話し方をしたいものです。そのために、以下の２つのポイントに留意して、インパクトのある話し方ができるように、撮影しながらのリハーサルをお勧めします。

◎ストーリーテリングのポイント

ポイント①　状況が見えるように話す

いつ、どこで、誰が、何を言って、どうなったか。話を聞いている人が、その状況が目に浮かべることができるように、とにかく具体的に話します。５Ｗ１Ｈは可能な限り具体的に伝えます

また、誰かのセリフを伝える時には、その瞬間はその人を演じて、役者がセリフを言うように話すと、よりリアルに再現ができます

ポイント②　問いかける

一方的に話すのではなく、時折、参加者に問いかけて考えてもらったり答えてもらったりします。それによって話に引き込み、感情を共有します

（例）

「この状況で、皆さんだったらどんな気持ちになりますか？」

「……と言われたら、皆さんだったら何と答えますか？」

「ABCの選択肢で、私はどれを選んだと思いますか？」

ストーリーテリングは、起きた出来事を客観的な視線で話すより、登場人物の誰かの立場になり、その人の視点で話すと、聞き手もその登場人物

Instructional Design Handbook　203

に感情移入しやすくなります。

　このようにして聞き手に感情移入してもらうことができると、感情と結びついた情報はより記憶に残りやすくなるため、ストーリーテリングはインパクトのある手法として有効です。

　また、ストーリーテリングは思いつきで話すのではなく、事前に構成を考え、どこでどういう問いかけをするかも決めておき、インパクトのある話し方ができるように、デリバリーの練習が必要です。

◎ストーリーテリング

　ある時、石垣島で三線体験レッスンに行きました。その教室の教え方は、先生がお手本を見せて、参加者はそれをまねして弾いてみるスタイルでした。夫は楽器の弾き方を見て覚えるのが得意で、10分くらい経つと何となく曲が弾けていました。でも私はその学び方は合わず、落ちこぼれてしまいました。

　別の機会に、ほかの教室にも参加してみました。そこでは最初に工工四（くんくんしー）という三線独特の楽譜の読み方を教えて、しくみを説明してくれました。工工四の読み方がわかると、自分で音を拾うことができるようになり、10分くらい経つと何となく曲が弾けるようになりました。一方で夫は、この教え方は合わなかったようで、おもしろくなさそうにしていました。

　このように、人によって学び方には、好みがあります。

◎ストーリーテリング

OK例

　ある時、石垣島で三線体験レッスンに行きました。先生が「まず私が弾いてみるので、皆さんはその通りに指を動かしてください」と言い、音を1つずつ弾き始めました。

参加者はそれをまねして弾いていきます。「最初はこの弦のここ」「次はこの弦のここ」というようにです。夫は楽器の弾き方を見て覚えるのが得意で、10分くらい経つと何となく曲が弾けていました。でも私はついていけず、どんどん落ちこぼれていきました。落ちこぼれているということがおもしろくなく、体験レッスンが終了する時間の前に、「もう帰ろうよ」などと言っていました。

　このことから、「私より夫のほうが三線のスキルが高い、楽器のセンスがある、モチベーションが高い」と言えるでしょうか?

　実は、この後、悔しいので、ほかの教室に参加することにしました。「皆さん、三線の楽譜って見たことありますか?　三線の楽譜はおたまじゃくしではなくて、漢字が右から縦書きに並んでいるんですよ」

　その教室では最初にその工工四(くんくんしー)という三線独特の楽譜の読み方を教えてくれました。文字と、弦を押さえる位置が対応している、というしくみを説明してくれたのです。

　工工四の読み方がわかると、自分で音を拾うことができるようになりました。そしてものの10分くらい経つと、何となく曲が弾けるようになったのです。「なるほど、そういうことか、楽しい!」と思い、どんどん練習していました。

　一方で夫は、この教え方は合わなかったようで、「何でこの文字はこういう並びなんだろう」「お手本を見せてもらわないとイメージできない」などとぶつぶつ言いながら、おもしろくなさそうにしていました。

　さて、私と夫はどちらが三線に対してモチベーションが高いですか?才能の違いはあるでしょうか?

　そういうことではないですよね。これは学び方の好みの違いなのです。

問いかけの質

CSRの「S」など、参加者に問いかけて考えてもらうシーンは多いのですが、その**問いかけの質が、学びの質に大きな影響を与えます。**

新任管理職研修での問いかけについて、いくつか例を考えていきましょう。

（例1）

ある新任管理職研修で、講師が参加者にこう問いかけます。

「あなたが考える、理想の上司とはどんな人ですか？」

講師の理論を押しつけるのではなく、参加者の意見を引き出す、一見、双方向な研修にするための良いアイデアに見えます。

しかし、この問いかけは、さまざまな問題を引き起こす危険性があります。というのも、この質問は、**とてもオープンなものなので、参加者は思いのままに答えることになります。**その結果、下記のような場面を誘発しやすくなってしまうのです。

- 研修として用意している内容と異なる見解が出てきて、軌道修正が難しくなる
- 参加者の発言内容を否定しなければいけないような発言が出てくる
- 参加者の持論が展開され、対応に困る
- 参加者同士の考えが合わず、議論が白熱し、雰囲気が悪くなる
- 質問がオープンすぎるため、何を答えて良いかピンとこない
- 教科書的な、表面的な答えしか得られない
- 「現実にはそんな理想の上司はいない」というあきらめの空気が漂う

このような場面を見たことがある、あるいは、経験したことがあるという方も多いのではないでしょうか。

　そして、このような場面に講師がうまく対応できないと、参加者との信頼関係を構築することが難しくなります。それが後になって、「否定的な意見を言う」「斜に構えている」「挑戦的な発言をする」という、いわゆる**「対応が難しい参加者」を生む火種になることも少なくありません。**

　これでは、せっかく参加者の意見を引き出し、双方向な研修にしようと思って問いかけをしたことが、かえってマイナスになってしまいます。

　とはいえ、一方的に、「上司とはこうあるべき」と講師から押しつけても、参加者の共感を得ることは難しいでしょう。

（例2）

　「あなたがこれまで部下や後輩と接する中で、上司・先輩としてうまくいったケース、逆にうまくいかずに課題を感じているケースをシェアしてください」

　先ほどの質問よりは現実に即した話になるため、やや良いディスカッションができそうに見えます。

　ですが、この質問だと「うまくいったケース」では自慢話が始まったり、逆に自慢話に聞こえるから話したくないという人が出てきたりします。「うまくいかなかったケース」については、自らの失敗談を開示することに抵抗があって話が広がらなかったり、かなり特殊なケースで話が盛り上がったり、深刻すぎて対応できないケースが出てくる危険性もあります。

（例3）

　「今までに出会った上司で、良い上司だったと思う人を思い浮かべ、その方のどういう言動が良かったのかを挙げてください」
　「逆に、今までに出会った上司で、良くない上司だったと思う人を思い浮かべ、その方のどういう言動が良くなかったのかを挙げてください」

　これは、（例2）の質問を言い換えたものです。実在の第三者の話をしてもらうように問いかけています。

　このように問いかけることで、**自分の話ではなく、第三者の話なので、客観的に話すことができます**。また、**実在する人の話なので、具体的かつ現実的な内容で話ができる**でしょう。

　経験上、ここで出てくる回答は、研修内容として用意していることと大きくずれたり、対立するような内容が出てきたりすることはほぼありません。

　参加者の発言を肯定して受け止めた後、講師が用意している研修内容から補足するという流れになります。そのため、参加者も講師の話の内容を受け入れやすくなります。

　参加者から意外な内容の発言が多少出てきたとしても、実在する人についての事実ですので、それを否定する必要はなく、「そう感じる人がいる」という事実として受け止めれば良いことになります。

　ここでは、管理職研修の場面について検討しましたが、販売・営業・接客スキル、チームワーク、リーダーシップ、後輩指導など、「理想の〜とは？」「あるべき姿」「やるべきこと」といった研修であれば広く応用可能です。

　続いて、別の例を考えます。

208

（例4）

　　SNS上で、同じ会社の同僚が、会社に対する不満を書いている投稿が目につきました。その同僚は実名で投稿していてプロフィールも公開しています。

　「このような場面では、どう対応すべきでしょうか？」

　これも、活発な議論を促す良い質問に聞こえそうですが、（例1）と同じようにさまざまな危険性を含んだ質問です。

　オープンな質問をやめ、選択肢とその理由を問いかける形に変更します。

（例5）

　　次のような場面でどのような対応が良いでしょうか。その理由も考えてください。

　　SNS上で、同じ会社の同僚が、会社に対する不満を書いている投稿が目につきました。その同僚は実名で投稿していてプロフィールも公開しています。

　A．上司、もしくは、コンプライアンス担当窓口に報告する
　B．投稿している同僚本人に、忠告する
　C．関わらないほうが良い

　　答えはAです。
　　Cは無責任。Bのように直接本人に忠告すると、もめ事に発展するリスクがあるので、上司やコンプライアンス担当者に速やかに報告しましょう。

　「3つのうちどれがベストか」という点については、全員の意見がほぼ一

Instructional Design Handbook　209

致するような難易度に設定をしておきます。そして、その理由を挙げてもらうことで、話の焦点が定まります。

　また、講師が用意している「こう対応しましょう」という研修コンテンツの一部～大半が、参加者の発言となって出てきます。そうすることで、講師からの一方的な押しつけではなく、受け入れやすくなり、納得度も高まることが期待できます。

　もうひとつ別の例を検討します。

（例6）

　「今後、どのような課題に遭遇すると予測されますか？　その課題に対してどんな対策が考えられますか？」

　これもオープンクエスチョンが2つ続いているため、話が拡散しすぎたり、ポイントがずれたり、浅くなったりする可能性があります。
　一方、（例7）はいかがでしょうか。

（例7）

　「今後起きそうな課題を7つリストアップしてあります。この中で、皆さんが最も遭遇しそうで、かつ対策を考えておきたいものを2つ選んでください。選んだ2つについて、考えられる対策を話し合ってください」

　遭遇するであろう課題を最初からリストアップしておくことで、前半部分の話し合いが不要になりますので、時間の短縮ができます。
　また、よくあるケースに焦点を絞って話すことができます。さらに、グループによって選ぶケースが異なると思われるので、話し合い後の各グループからの発表がより有意義なものになります。

210

このように、「問いかけの質」は研修に大きな影響を与えます。

実際の研修の場面では、オープンすぎる質問をすることで、さまざまな問題を誘発しているケースをしばしば見かけます。

問いかけの質を高め、より有意義なディスカッションにし、研修内容に対する受け入れ度合いと、研修後の実践度合いを高めるよう、肝になる問いかけは、具体的な内容を用意しておきます。

積み上げて学ぶ

スキル習得を目的としている場合、スキルの練習は必須です。その練習を、失敗させず、成功体験を積み上げていけるようにデザインしておきます。

よく見かけるのは、前提として必要な知識をインプットし、そのアウトプットの練習をしないまま、「総合練習」するというパターンです。

◎**新入社員研修での電話応対**

　　　前提として必要な知識を習得した直後に、ロールプレイを始める
（必要な知識）
・電話の基本マナー
・正しい敬語の知識
・電話機の基本操作方法
・よくある問い合わせとその基本的な回答例
・取り次ぐ必要がある場合、担当者と担当業務
（誰に取り次ぐかの判断に必要な情報）

一度に覚えて実践しなければいけない項目が多すぎるため、うまくできない人が多くなる懸念があります。

最終的には「総合練習」を行うにしても、そこまでのプロセスの成功を積み上げていけるようにデザインしていきます。

◎新入社員研修での電話応対

総合練習の前に練習したい以下の項目を別々の練習として行い、自信がついたら組み合わせていき、最終的には「総合練習」を行い、電話応対ができるようになる

・敬語を正しく使って応対する：短いフレーズや会話から練習する
・電話機を操作する：セリフなしで、操作を練習して覚える
・メモをとる：言われたことを正しく記録する練習をする
・必要に応じて、取り次ぎ・転送する：転送先の判断などを練習する
・必要に応じて、正しい情報で回答する：質問に答える練習をする

間隔を空ける

学習は時間の間隔を空けて、何度かに分けて行ったほうが長期記憶への定着のサポートになります。
もし可能であれば、たとえば2日連続研修ではなく、1日めの研修の2週間後に2日めを行うなど、時間を空けるデザインを検討します。

手法のバリエーション

状況別、手法の選び方

「コンテンツが多いのに時間が少ない」

これは講師にとって共通の悩みです。

しかし実際のところ、この悩みの原因は、「すべてを説明しなければいけない」という固定観念によるものが大きいので、まずはその固定観念を取り払い、説明の代わりにもっと効率的な手法がないかを検討してみましょう。

こうした時間が足りないという悩みのほか、研修のさまざまな場面に対してより効果的な学びを提供できるよう、よくある8つの状況別に手法をまとめます。

なお、手法はここに挙げたもの以外にもさまざまなものがあります。ここに挙げたもの以外の手法も取り入れながら、研修の効果を高める努力を続けていきましょう。

◎状況① 知識をインプットしたい

以下のような手法を取り入れ、EAT（経験→気づき→理論）の順にする。下記の手法はリビジットに活用して、知識の定着を図ることも可能。

ほかの人に教える	資料を分担して読んで、お互いに教え合う
間違い探し	何かについて書かれた文章に間違いを含めておき、どこがなぜ間違いかを見つける
クイズ	理論を説明する前に、クイズを出題し、その答え合わせをするという流れにする
カードワーク	正しい順序に並べる、正しいものと正しくないものに分類する、表に質問・裏に答えの書かれたカードに答える、など

Instructional Design Handbook　213

マッチング	用語とその解説の組み合わせ、原因と結果の組み合わせ、など組み合わせを考える
クロスワードパズル	学んでおくべきキーワードでつくられたクロスワードパズルに取り組む

◎状況②　「やろう」という気持ちになってもらいたい

ストーリーテリング	感情移入してもらえるように、体験談を話す
成果を出している人の事例共有	自分自身の実践イメージを描き、そうなりたいという気持ちを喚起する
失敗事例	逆に、避けたい状況を描き、対策を検討する
顧客の声	顧客の喜ぶ声などを共有し、もっと役に立ちたいという気持ちを喚起する
映像	事例、顧客の声などを、言葉だけで紹介するより映像があるとなおインパクトがある
疑似体験	用意しておいたセリフを読んでもらうなどして、上司と部下、顧客と営業などの対話を疑似体験することで、言葉だけで伝えるより感情が伝わる

◎状況③　スキルを習得してもらいたい

スキル練習	分解し、成功体験の積み上げができるようデザインする
ロールプレイ	役割を決めて、対話などの練習を行う
シミュレーション	実際と同じような場面設定をして練習する
寸劇	実際に起きそうな場面を想定して、登場人物やシナリオを作成して演じる

◎状況④　背景や経緯を知ることで必然性を理解してほしい

年表	扱っているトピックにまつわる出来事を年表にして整理する。穴埋めや、順番を考えるなどのワークを入れて参画してもらう。学んだ後に理解の確認としてリビジットに使うことも可能

214

◎状況⑤　自己分析、自己認識をしてもらいたい

アセスメントツール	質問に答えて集計すると、タイプや傾向などの分析結果が出るもの。客観的に自分を知るのに有効
スキルグリッド	学ぶ内容について、必要な知識やスキルをリストアップしておき、それらの項目について自己評価をつける。得意なもの・強みや、苦手なもの・課題を自己認識できる

◎状況⑥　リビジット：理解を確認したり、深めてほしい

3グループレビュークイズ	今日学んだ内容についての確認クイズを、各グループで15問作成。Aグループが作成した15問についてBグループは質問の質が良いかを検証し、不要だと思う2問を削除する。さらにCグループが残った質問13問に回答し、最後に答え合わせを行う。これを3グループでB→C→A、C→A→Bと回していくことで、質問をつくる、検証する、回答する、と3回のリビジットが可能
シール貼り（赤と緑）	テキストを振り返り、しっかり理解できた箇所、まだ不安が残る箇所についてそれぞれ緑、赤のシールを貼ってもらう。赤のシールについてはお互い教え合ったり、講師が補足したりする
講師への質問を考える	質疑応答の時間の前に、グループで講師にしたい質問を2つ考える時間をとる。こうすることで、必ず質問が出ることに加え、簡単すぎる質問や挑戦的な質問は出てきにくくなるので質の高い質疑応答ができる

◎状況⑦　リビジット：活用・実践のイメージを描いてほしい

アクションアイデアリスト	研修で学んだことから、「何をどう実践しようと思うか」を書き溜める。研修の最後に振り返るのではなく、休憩の度に書いておく
トップ10リスト	たくさん書いたアクションアイデアから、優先順位の高いもの10個を選んでもらう。個人で行っても、グループで行っても良い
新聞記事	実践して大きな成果が出たことが社内報などに取り上げられたイメージで、記事を作成する

Instructional Design Handbook　215

◎状況⑧　リビジット：学んだことの全体像を整理してもらう

フローチャート	学んだ内容に順序があるものであれば、フローチャートにまとめ、全体像を整理する
マインドマップ	学んだ内容を、マインドマップにして整理する

2-6

研修の運営方法を検討する

　研修コンテンツの次は、研修の実践方法を検討していきます。具体的には、「学習環境づくり」「研修の運営方法」のことです。どれだけ素晴らしいコンテンツであっても、安心して学べる環境でなければ、参加者は効果的に学ぶことができません。

　こうした学習環境づくりについても、あらかじめ検討し、デザインしておくことで、研修の効果を飛躍的に高めることができるのです。

　ここでは、講師が発信する「2つの電波の原則」をもとに、どのように場をつくり、運営方法をデザインしていくかを検討してきます。

本項の
Key word

「講師が発信する2つの電波」
「WII-FM」
「MMFI-AM」

Instructional Design Handbook　217

安心して学べる学習環境をデザインする

講師が発信する2つの電波

　研修に入れるコンテンツが定まったら、次に計画するのは、研修の実践方法です。言い換えると、学習環境づくり、研修の運営方法です。

　学習環境づくりをうまく行い、安心して学べる学習環境の中でモチベーション高く学んでもらうには、どのようなことに留意すれば良いでしょうか。「研修中にどのようなアクティビティを行うか」を計画するというよりも、**「研修を通して講師と参加者がどう関わっていくか」「参加者との信頼関係をどう築いていくのか」**を計画するステップです。

　前提となる考え方として、**講師が発信する2つの電波**の原則を紹介します。講師は次の2つの電波を研修中に参加者に向けてどう発信するかを、計画し、デザインしていきます。

　以下では、それぞれについて検討していきます。

POINT!

◎講師が発信する2つの電波

（電波1）

　　参加者にとってのメリットを発信する

　　What's In It For Me : WII-FM

（電波2）

　　参加者が自分の存在価値を感じられるような電波を発信する

　　Make Me Feel Important About Myself : MMFI-AM

参加者にとってのメリットを発信する

この研修に、どのようなメリットがあるか

　大人は自分にとってメリットがあることにはアンテナを向けますが、そうではないことには興味を示さないものです。

　研修デザインにおいても同様で、「**この研修が参加者にとってどんなメリットがあるのか**」を、講師が明確なメッセージとして発信することで、参加者の学ぶ意欲を高めます。

　この電波（「参加者にとってのメリットを発信する」、What's In It For Me：WII-FM）は、研修中はもちろんのこと、研修前に発信を開始することも可能です。

研修前に「研修のメリット」を発信するには

　研修はイベントではなくプロセスです。

　参加者がメリットを感じるかどうかは、**研修前にどのような情報を受け取るか**から始まっています。

　研修の告知、参加者募集、参加者への研修の案内などを事務的な内容に留めず、参加することのメリットが実感できるような内容を含めましょう。

Instructional Design Handbook　219

◎参加者への案内文

事務的な案内で、参加者がメリットを感じ取ることができないもの

問題解決スキル向上研修

【日時】　●月●日　9時〜17時
【場所】　本社5F会議室Ａ

【目的】　問題解決スキルを習得し、日々の業務に活かせるようになる
【内容】
●問題解決の考え方とアプローチ
●問題解決のステップ
●問題・課題の特定
●原因分析
●対策立案
●実践ケース

参加者にとってのメリットを明確に発信する

問題解決スキル向上研修

【日時】　●月●日　9時〜17時
【場所】　本社5F会議室A

【こんな悩みをおもちの方にぜひご参加いただきたい研修です】
- 改善策を講じているが、期待するような成果が出ず、次の策に悩んでいる
- 課題に対する解決策を提案しても、なかなか承認がもらえない
- 課題に対してどのような策を講じるか、関係者の意見がまとまらない

【問題解決スキルを習得すると、以下のようなことが可能です！】
- 課題の真因追求ができ、本質的な改善策を講じられるようになる
- 課題とその解決策について、説得力のあるロジックを構築することができ、上司からの承認や周囲の賛同を得やすくなる
- 課題に対して本質的な改善を行うことで、同じ課題が続くことがなくなる

【過去の参加者の声】
- 「問題を解決するためにはいくつものアプローチの仕方があることを知り、解決策を立案する際の先入観を取り払うことができるようになった」
- 「実践を通して学べるため、職場に戻って実践できる自信がついた」
- 「演習が多いためさまざまな角度から検証でき、知識が深まった」

【目的】　問題解決スキルを習得し、日々の業務に活かせるようになる

【内容】
- 問題解決の考え方とアプローチ
- 問題解決のステップ
- 問題・課題の特定
- 原因分析
- 対策立案
- 実践ケース

このように、具体的に何が得られるかを発信することによって、参加者の研修に対する期待が高まり、学ぶ意欲の向上に貢献します。

また、どの研修に参加するかを選ぶのにも有効な情報なので、選択ミスを防ぐ効果も期待できます。

研修中に「研修のメリット」を発信するには

続いて、研修中に講師がメリット（WII-FM）をどう発信するのが良いかを検討します。

ここでは、研修の目的、この研修で何が得られるか、どんな風に活用できるかを参加者が具体的にイメージできるようにします。

言葉で説明するだけではなく、以下のような工夫も取り入れて、インパクトを高めます。

◎ **メリットを発信する：研修中の工夫**

- 事例や経験談を話し、研修での学びを実践して得られる成果をイメージしてもらう
- もしこれを学ばないとどんなデメリットやリスクがあるかをイメージしてもらう
- 過去の参加者の実践事例を紹介する
- 顧客やエンドユーザーの声を紹介する
- 何をどこでどう活用するかを考えてもらう時間を設ける
- 参加者の実践計画に対してアドバイスする

参加者の存在価値を高める

参加者1人ひとりを尊重するために

続いて、電波2（「参加者が自分の存在価値を感じられるような電波を発信する」、Make Me Feel Important About Myself：MMFI-AM）について検討していきます。

研修の場では、講師1人に対して参加者が複数いるのが一般的ですが、講師はその参加者1人ひとりを尊重し、全員がこの場に必要な人であることを感じてもらえるような電波を発信していきます。

たとえば、次のようなことを通して実現していきます。

◎研修中の実践例：参加者を尊重する

- 名前を呼ぶ
- 発言に対してお礼を言う
- 発言を傾聴する
- 発言を否定しない
- 上から目線で話さない
- ディスカッションや発表の前に個人で考えをまとめ、書き出しておくことで、発言が一部の人に偏らないようにする
- 1人の発言数や時間を制限し、多くの人に発言の機会を提供する

また、研修の際に、5～6名のグループをつくって運営している場合には、グループ内で以下のようなことが実践されるよう導きます。

◎グループワーク中の実践例：参加者を尊重する
- 参加者に役割を担ってもらう（書記、発表係、など）
- お互いが名前を覚えて呼びかけられるよう、自己紹介の時間をとる
- チームのリーダーをローテーションさせることで、全員が平等にリーダーシップを発揮する

モチベーション高く学んでもらうための11の方法

参加者のモチベーションを高める

　研修中に、参加者にモチベーション高く学んでもらうために、講師ができることはほかにどのようなことがあるでしょうか。

　次の11項目について、講師が実践できることを検討していきます。

POINT!

◎モチベーション高く学んでもらうための 11 の方法

（方法１）　ニーズをつくり出す
（方法２）　自己責任を感じてもらう
（方法３）　興味をもたせ、維持する
（方法４）　実生活に当てはめることができるような経験を提供する
（方法５）　賞賛したり、励ましたり、認めたりする
（方法６）　健全な競争を促進する
（方法７）　講師自身がワクワクしている
（方法８）　長期的な目的を設定する
（方法９）　内面的なモチベーションの価値を理解する
（方法10）　対人関係を強化する
（方法11）　参加者に選択の自由を与える

Instructional Design Handbook　225

（方法1）ニーズをつくり出す

　参加者は自分にとって必要なことであると認識している時は、学ぶ意欲が高まるものです。先ほど述べたWII-FM電波を発信することで、その必要性を感じてもらう工夫をします。

　私（中村）は犬を2匹飼っているのですが、そのうちの1匹が膀胱炎から膀胱結石になってしまいました。それをきっかけに、ドライのドッグフードをやめ、手づくり食に切り替えることにしました。犬の手づくり食は、何をどうやってどれくらい食べさせれば良いのかわからず、本を参考にしての試行錯誤を続けてきましたが、やがて信頼できる獣医師の方の講座に出会いました。そこで知識を得て、自信をもって続けることができるようになり、2年ほど継続しています。

　一方で、私はもともと料理にはあまり興味がなく、特に手の込んだ料理はプロがつくったものをいただくほうがおいしいと思っています。友人が料理のつくり方の話を始めたら、本当に興味がないので聞き流しているくらいです。それなのに、犬の手づくり食は講座に通って勉強しています。

　つまり、「自分が学びたい」と思うこと、必要だと感じることは自分から学ぼうとするのです（余談ですが、犬の手づくり食の勉強を通じて、人の食事に対しての興味も増し、以前よりはるかに時間を使うようになりました）。

　研修を行う時、その内容に対して「これは必要である」「学ぶと自分の役に立つ」と参加者に感じてもらう工夫をすることは、とても大切です。ニーズを感じているかどうかで、同じ研修を受けても吸収力が大きく異なるからです。

　必要性を感じてもらうためには、次のような方法が考えられます。

◎**実践例：ニーズをつくり出す**

- ●参加者の業務のどんな場面でどう役立つかを明示する
- ●参加者のどんな課題が解決できるかを明示する
- ●参加者にどんなメリットがあるかを明示する（効率が上がる、ミスが減る、など）
- ●過去の参加者がどんな風に活用してどういう成果を出しているか、実績を紹介する

（方法２）自己責任を感じてもらう

　他人事ではなく自分事に感じてもらうような工夫をします。そのために、次のようなことを研修中に行ってもらいます。

◎**実践例：自己責任を感じてもらう**

- ●研修を有意義な時間にするためのグラウンドルールや参加姿勢を、自分たちで決めてもらう
- ●研修で何を習得して帰るのか、目標設定を自分で行ってもらう
- ●研修後に起こす行動を具体的に決め、実践計画を立て、宣言してもらう

　こうしたことを参加者対講師という関係の中だけで実現するのではなく、参加者間での連帯責任をうまく形成していけないかを考慮します。

　つまり、自分がグラウンドルールを守ることは講師に対しての敬意ではなく、ほかのメンバーに対して自分が果たす責任であるという意識をもってもらうのです。

Instructional Design Handbook　227

◎**実践例：参加者の連帯責任を形成する**

- グラウンドルールを守れている人を褒めるのではなく、全員ができているチームを褒める
- 目標設定や実行計画を参加者同士で検討し、宣言し合ってもらう
- 目標設定や実行計画をフォローアップし合う相手を決めておく
- リーダーを固定せず、全員に回るようにして全員に責任感を高めてもらう
- リーダー以外にも、配布物の係、タイムキーパー、などの役割を分担して運営してもらう
- 課題に取り組んだり、リビジットを行ったりする際、チーム内で全員が理解できているか確認してもらうなどして、チームでお互いにサポートし合う

（方法３）興味をもたせ、維持する

　参加者の興味や集中力が途切れないよう、「**90/20/8**」の法則（53ページ参照）で研修をデザインし、実践します。講師の一方的な話が長いと、どんなに意欲が高い参加者でも眠くなったりしてしまうものです。

　8分に1回の参画を徹底し、常に参加者に能動的な関わりをしてもらいます（56ページ参照）。

　1-3でご紹介した基本コンセプト、2-5で詳しく解説した研修コンテンツの作成方法や手法のバリエーションを取り入れて実践していきます。

　また、休憩後に再開する時や午後の眠くなりやすい時間帯には、少し体を動かすアクティビティを取り入れたり、立ってグループディスカッションをしたりします。

（方法４）実生活に当てはめることができるような経験を提供する

　学ぼう、実践しよう、という意欲を参加者にもってもらうには、**実践で**

どう活用できるかのイメージを具体的にする必要があります。「理論は理論」「それは正論だけど現実は……」と感じてしまうような状況では、研修後に実践に結びつけることへのギャップが大きくなってしまいます。

そこで、次のような方法を通して実生活に当てはめることができるような経験を提供します。

◎**実践例：実生活に当てはめることができるような経験を提供する**

- 何をどんな場面でどう活用するかを検討する時間を設ける
- 新しいスキルを職場での現実に当てはめて練習する機会を設ける
- 実践したらどんな成果やメリットがあるかを検討する
- 実践しないとどんな結果やデメリットがあるかを検討する

（方法5）賞賛したり、励ましたり、認めたりする

研修中に参加者を褒めたり、認めたり、励ましたり、感謝の言葉を伝えたりする機会をたくさん見つけましょう。

- 「発表ありがとうございます」
- 「質問ありがとうございます」
- 「ご協力ありがとうございます」
- 「それ、良いアイデアですね！」
- 「さっきより進歩していますね！」
- 「順調ですね！」
- 「その調子です！」
- 「時間内に終了していただいてありがとうございます」
- 「（休憩時間後）時間通りにお戻りいただいて、ありがとうございます」

講師からだけではなく、参加者同士でもこのような声がけを行うよう促します。

Instructional Design Handbook　229

（方法６）健全な競争を促進する

　遊び心があって楽しめるレベルの競争をうまく取り入れましょう。「うまくやりたい」「進歩したい」という気持ちがモチベーションにつながります。

　ただし「**健全な**」というのは、「**誰も傷ついたりしない**」という意味であり、そこへの配慮は必要です。

　講師にとっては楽しめるレベルの競争でも、参加者も同様に受け止めているかは確認が大切です。

　たとえば、下記のうちどのような競争は楽しめるでしょうか。

　①個人対抗で点数を競い、結果をすべて公表する
　②チーム対抗で点数を競い、結果をすべて公表する
　③個人対抗で点数を競い、１位もしくは上位だけ公表する
　④チーム対抗で点数を競い、１位だけ公表する
　⑤競争はするが結果は公開しない

　内容にもよるかもしれませんが、こうした競争は楽しいと感じる人と、感じない人の個人差があります。どれが良い・悪いという問題ではなく単に好みの差であったり、育ってきた環境や受けてきた教育の影響だったりもあるでしょう。

　ですので、講師は参加者の自尊心を傷つけることなく、楽しく学べることにプラスの影響を与える方法を見極める必要があります。

　研修中に頻繁に起きるであろう場面としては、課題や問いかけに対して、答えを予測してもらい、その後解答・解説を行うというのが考えられます。

　その際に、「健全な競争」を保つために、次のような方法で行います。

> **POINT!**
> ◎健全な競争を促進するポイント
> - 考えた解答を個人を指名して発表してもらうことは、避ける
> - 解答を考えてもらった後に、発表は求めず、講師が解答・解説を行う、もしくは自己採点してもらう
> - 解答・解説の後、誰がどういう成績だったかは確認しない

　以下のような運営方法はちょっとした競争の要素はありながらも、比較的安全です。

◎実践例：健全な競争を促進する

- 全員の前で指名して回答させる
  （→指名や発表をさせず、講師が解説する。自己採点してもらう）
- 成績（点数）を公開、発表する
  （→自己採点をし、間違えた箇所は資料などで確認してもらう。そのうえで、不明点は質問してもらう）
- （チーム対抗のアクティビティなどで）1位以外のチームを責める
  （→1位のチームを称えるだけにする）

- ワークやディスカッションを制限時間内に終わらせる
- 立って課題に取り組み、終わったチームは着席する
- 講師が説明する前に答えを予測してもらう
- 自分の目標に対して達成度合いを自己評価する

　チーム対抗でワークを行う場合、勝ち負けや成績が明白になったとしても、ゲーム感覚で楽しめる運用にします。

（方法７）　講師自身がワクワクしている

　参加者にモチベーション高く学んでもらいたいのであれば、**講師自身の
モチベーションを常に最高の状態にするのが大前提**です。それが基盤にな
いようでは、どんなにデザインやテクニックを工夫しても、うまくいくは
ずがありません。講師のモチベーションが高いかどうか、参加者には敏感
に伝わるものです。

　とはいえ、講師も人間なので、いろいろな問題が起きるでしょう。
　たとえば、以下のようなことは起きないほうが良いことですが、絶対に
ないとは言えません。

- 忙しくて疲れが溜まっている
- 研修以外の仕事のピークと重なり、その仕事のことがどうしても気に
  なる
- 研修前日にトラブルが起きて対応に追われた
- プライベートで心配事がある
- 体調が悪い

　また、社内講師を引き受けはしたけれど、内容や人選に100％納得は
していない、同じ研修を10回以上行っていて正直少し飽きているなど、
どれもあってはいけないことではありますが、講師も人間なのでいろいろ
な可能性が考えられます。
　ですがそうした講師側の事情は参加者にはまったく関係のないことであ
り、研修にネガティブな影響を及ぼすことは極力防がなくてはいけません。
　そこで、講師は、研修が始まる前に自分の気持ちを切り替え、集中でき
るような儀式的なものを決めておくことをお勧めします。
　たとえば次のようなものです。

- 研修の日の朝食に食べるもの

- 研修前に聴く音楽
- 研修の日に身に着けるアイテムや色
- 研修前日に行うこと

（方法８）長期的な目的を設定する

　大人の学習には、学ぶことが自分にどう役立つか、その意味や意義を理解する必要があります。**今日この研修でこれを学ぶことが、参加者にとって長期的な視点でどういう価値があるのか、という意味づけ**が必要なのです。

　WII-FM電波の発信をしっかり行い、参加者自身が長期的な視点で意義をイメージできるよう支援します。

　具体的には、以下のような方法により実践します。

◎**実践例：長期的な目的を設定する**
- 組織の戦略や方針のどこに関係している内容かを示す
- 個人の能力開発やキャリアの発展にどう関連しているかを示す

（方法９）内面的なモチベーションの価値を理解する

　前提として、モチベーションのない人はいません。何にモチベーションを感じるか、何に刺激されるかが人によって異なるだけです。

　モチベーションを感じる理由や表現の仕方が、講師が期待や予想する通りの方もいれば、講師の期待や予想とは異なる方もいます。講師の期待や予想と異なっていたとしても、それは参加者に**「モチベーションがない」のではなく、モチベーションを感じる理由や表現方法が異なるだけ**なのです。

　先ほど述べた「競争」のような要素でモチベーションが高まる人もいる

でしょう。

　でも、ほかの人やチームのことよりも、自分が満点をとることが大切な人もいれば、満点ではなくても成長している実感が大切な人、上司や誰かから認められることを欲している人など、さまざまなのです。
「100点じゃなくて悔しくないのはモチベーションがないからだ」などと**講師自身の考えで偏見や先入観をもたないように**したいものです。

　また、研修中の参加者の言動から、「あの人はモチベーションがない」などと安易に決めつけないようにしましょう。
　講師養成の中で、「対応が難しい参加者への対応」というトピックを学んでもらう際に、「モチベーションがない人にどう対応すれば良いか」という質問を受けることが多くあります。
　その際、私は、いつもこのように問いかけます。
「参加者のどんな言動を見て、モチベーションがない、と感じるのですか？　具体的に挙げてもらえますか？」
　その質問の答えは、次のようなものです。

- ●ディスカッションの際に発言がない
- ●メモをとらない
- ●遅刻してくる
- ●研修中に電話に出る
- ●離席する
- ●無表情
- ●問いかけても「特にありません」などの返事しかない
- ●何をどう実践するかのイメージがわかないと言う
- ●否定的な発言が続いている

　はたして、こういった参加者は「モチベーションがない」と言えるでしょうか。
　事実としては、「ほかの参加者が全員メモをとっている時に、その人は

メモをとっていない」ということがあったのでしょう。

　ですが、**だからと言って「あの人はモチベーションがない」と結論づける根拠にはなり得ません**。その内容については熟知していてメモをとる必要がなかったのかもしれません。あるいは講師の話で刺激されていろいろな考えが浮かび、まずはそれを自分の中で整理するため、考えることに集中していたのかもしれません。ほかの例についても同様です。

　以前、あるクライアントでトレーナー養成ワークショップを開催した時のことです。いつもであれば、このワークショップは、オープニング直後から参加者がとても楽しそうに研修に参加し、グループワークの際には笑い声も聞こえ、全員が発言し、プロセスに積極的に関わる雰囲気ができあがります。

　その日の内容も進行の仕方も、これまでと同じように行っていました。ですが、その日、大きく違った点がひとつだけありました。開始から1時間半が経過し、休憩時間になるまでの間、誰からも笑い声が聞こえてくることがなく進んでいたことでした。

　さすがに、「このクライアントにはこの手法はなじまないのかな」「期待していた研修内容と違ったのかな」などと不安になりました。

　ですが、この手法に対して強い信念をもっていたので、「ここは揺るがず、貫こう」と考えながら進行していきました。

　休憩後、それまでの研修を振り返る場面でのことです。

　参加者に気づきを付箋に書いて貼ってもらったところ、意外なことに付箋には何枚も「楽しい」という言葉がありました。

　私はそれを見た時に本当に驚き、内心こう感じてしまいました。

「えっ、楽しかったんだ！ だったら、そういう顔をしてよ！！」

　確認したわけではないのではっきりとはわかりませんが、笑顔や笑い声が出なかった理由は、役職、職業、地域性、個性、内容の斬新さなどさまざまなことが関係していたようです。

Instructional Design Handbook　235

その日もそれ以降は、いつもの楽しい雰囲気になり、研修も好評で、その後リピートを受けて実施しています。

　この経験を通して私が学んだことは、まさしく先ほど述べたことです。
参加者が、自分の期待する反応を見せない時に、「モチベーションがない」などと決めつけてはいけないのです。

　不可解な時には、参加者に個人的に直接問いかけてみるのも良いでしょう。
　ただし、問いかけ方には注意が必要です。たとえば、発言が多いほうが良いという考えを押しつけている印象になるような問いかけは避けます。先入観や偏見をもたず、ニュートラルに話しかけることがとても大切です。

◎受講者への問いかけ例：モチベーションがなさそうに見える場合

「どうしてグループ内のディスカッションの際にあまり発言しないのですか？　もっと積極的に発言しましょう！」

「グループ内のディスカッションの際にあまり発言されていないように見えるのですが、どうされましたか？」

　参加者には、講師に見せていない正当な理由や、講師が期待するのとは異なる理由でのモチベーションが必ずあります。
　研修中によくある、「モチベーションがなさそうな参加者」の言動に対して、いかにニュートラルに考えられるかを練習しておくと、実際に遭遇した際に冷静に対応できるものです。以下に、「モチベーションがなさそ

うに見える参加者の言動」に対して、考えられる理由をまとめます。

　これ以外に、モチベーションがなさそうに見えるケースと理由として可能性のあることを追加で考えられますか？　思いつくものがあれば、空欄に追記してみてください。

〈モチベーションがなさそうに見える参加者の言動とその理由〉

ディッカッションの時に発言がない	● 考察タイプのため、考えていた ● 経験の長い自分が先に発言するとほかの人が発言しにくくなるため、遠慮していた ● 体調が悪い
メモをとらない	● その内容については熟知していてメモをとる必要がなかった ● 講師の話で刺激されていろいろな考えが浮かび、まずはそれを自分の中で整理したいため考えることに集中していた
遅刻してくる	忙しい中でも何とかして参加したいとがんばって来た
研修中に電話に出る	● 研修には興味があるので、無理をして業務を調整して参加している ● 責任感が強い
離席する	● 体調が悪い ● 緊急の業務を終わらせて研修に集中したい
無表情	● いつもそう ● 感情を表に出さないタイプ
問いかけても「特にありません」などの返事しかしない	● しっかり理解できている ● 研修がわかりやすい
何をどう実践するかのイメージがわかないと言う	● せっかく来たから終わるまでに具体的なイメージをもちたいと願っている ● 正直なのでウソは言いたくない
否定的な発言が続いている	● 職場に戻って実践しようとした時の障害や逆風がイメージできているので、何とか解決して戻りたいと思っている ● 過去に同じような失敗をしたケースを知っていて、くり返したくないと思っている

Instructional Design Handbook　237

ふんぞり返って座って腕組みしている	●普段からそんな座り方 ●深く考えている ●聴くことに集中している
覚えていない	●そもそも、短期記憶に一時的に保存された情報は、リビジットしなければ時間が経過すれば忘れるもの ●多くのことを覚えようとしているため、忘れることも出てきている
寝ている	●体調が悪い ●睡眠不足 ●忙しくて疲労が溜まっているけれども研修には興味があるので、無理して業務を調整して参加している
質問が多い	●理解したいと真摯に思っている ●ほかの人も質問したいだろうということを察して代弁している

（方法10）対人関係を強化する

人間は社会的な動物です。人との関係性が研修の際にも大きな意味をもちます。**「その場に存在していることが心地良い」「その場に所属していたい」「自分の存在意義がある」**という感情を全員がもてるよう、参加者同士の関係強化を図るよう努めます。

講師と参加者との対話は必須ですが、**参加者同士の対話**にも大きな価値があります。各人がもつ知識や経験を共有することで、ほかの参加者が得るものは大きいのです。

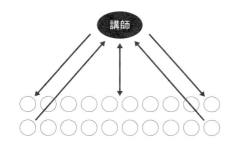

講師と参加者の対話のみ

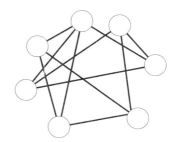

参加者同士の対話

講師からだけではなくほかの参加者から得るものも大きい環境をつくることができればこそ、集合研修を行う意義が高まるというものです。

一方で、参加者同士の関係強化を図る際、ストレスやプレッシャーをかけすぎないように次の点に注意します。

◎**実践例：対人関係を強化する**

●**少人数から徐々に広げていく**
　　自己紹介をする際、最初にいきなり１人ずつ全員の前で自己紹介
するのではなく、ペアや数人のグループなど少人数からスタートし、
徐々にほかのグループの人と出会うよう広げていきます

●**話す内容は、いきなり自己開示を求めず、徐々に行う**
　　たとえば、「自分自身の成功談と失敗談を共有する」のはかなりの
自己開示が必要ですので、関係構築ができてからなら成立しますが、
最初からオープンにこうした内容を話してもらうのは難しいもので
す。一方で、「ＡとＢではどちらが正解だと思うか、それはなぜか」
ということを話すのであれば、自己開示はほとんど必要なく、客観
的な話をすることが可能です
　　どのタイミングでどこまで突っ込んだ話をしてもらうかは計画的
にデザインし、参加者同士の対話が大きな負担にならないよう留意
します

　なお、「自己開示」については、大きく以下のように分類して考えます。
　研修スタート時から前半は、自己開示が少ない内容で話してもらい、中
盤から後半、場が和んできたら自己開示が必要な内容も含めるようにしま
す。

◎**実践例：適切な自己開示の進め方**

○**研修スタート時：自己開示が必要なく、話しやすい内容**
●名前や担当業務など公開されている情報
●自分が話しても良いと思う内容での自己紹介（趣味、好きな○○
　などから選んで話す）
●問いかけに対し、正しいと思うもの、およびその理由

- 提示された情報の中から、自分にとって重要・優先順位が高いと感じる項目がどれか、およびその理由

○**中盤から後半：自己開示が必要な内容**
- 自分自身の経験談（成功談、失敗談）
- 自分自身が抱えている課題
- 実践してみようと思うことと、その理由

（方法11）参加者に選択の自由を与える

　仕事に対する姿勢として、部下やメンバーに主体性を発揮してもらいたいというのは誰もが思うことでしょう。研修でも同様です。

　参加者には主体的に学び、職場に戻ってから主体的に学びを実践してもらいたいのです。であれば、参加者が主体性を発揮できるような研修の運営やデザインが必要です。

　それには、**学習プロセスの中で「参加者が自ら考え、選び、決める」ことが必要**なのです。

　一から十まで講師が指図して参加者は言われる通りに動いている状態で、参加者の主体性を期待するのは矛盾しています。

　たとえば下記のような選択肢を提供することが可能です。

◎**実践例：参加者に選択の自由を与える**
- 座席
- ペアやグループの相手、メンバー
- 発表の順番
- グループ内での役割分担
- 研修で何を学んで持ち帰りたいか、ゴール設定

- 学んだ内容の中から、まず何に着手するか
- 課題・ケーススタディなどに取り組む際、どの課題・ケースに取り組むか

　たとえば、課題・ケーススタディーに取り組んでもらう際、複数用意しておいて、どれに取り組むかを参加者に選んでもらう方法には、次のようなメリットが期待できます。

・結果として分担することになり、短時間で多くの課題・ケースをカバーできる

　Aチームが2番、Bチームが1番、Cチームが3番に取り組むというように分担します。全チームが3つの課題に取り組むより時間が短縮でき、発表の時間も短くて済むため、効率良く3つの課題について検討することができます。

・やらされ感が軽減される

　与えられた選択肢3つの中から選ぶ、ということは、まったく自由に何でも良いということではないのですが、それでも「自分が選んだ課題」であるという意識が生まれるためやらされ感が軽減することが期待できます。私の経験からも、ケーススタディなどで選択肢を提供すると、「こんな顧客はうちにはいません」「うちの課ではこれはあまり問題になりません」などという発言が激減します。

　しかし、こうした方法の実践を提案すると、講師の側からは、次のような懸念の声が寄せられます。

・「座席やグループを自由にすると、仲の良い人だけで集まるのではないか」
・「発表の順序を指定しないと、発言がなかなか出てこない」

・「ゴール設定を任せると、考えが浅いままだったりずれていたりするかもしれない」

こうした懸念については、次のような方法によって対処が可能です。

◎「参加者に選択の自由を与えること」で起こる懸念への対処法

①意図を伝えて協力してもらう
　参加者は大人です。同じ部署の人が集まらないように、などと意図を伝え協力してもらいましょう。時間的に効率良く決めたい時は、くじで決める方法も工夫します

②待つ
　指名せず、「各グループから発表お願いします。どのチームからでも結構ですが、どこのチームが最初に発表してくださいますか？」と問いかけて、待ちます。発表者・リーダーを決めておけば、おそらく手が挙がります。最初に発表したグループに次を指名してもらったりしても良いでしょう。そうした運営を続けていると、参加者も慣れ、手が挙がるのが徐々に早くなります

③問いかけの質を高める
　参加者の考えが浅かったりずれていたりするのは、講師からの問いかけがオープンすぎたり漠然としすぎていることが原因であることも少なくありません。クローズドクエスチョンとオープンクエスチョンを効果的に組み合わせて準備し、考えをまとめてもらうよう促します

---

　③の問いかけの質については、あまりに自由度が高すぎるとポイントがずれたり、考えをまとめにくかったりもします。
　選択肢を提示し、うまく誘導しましょう。

◎講師の問いかけ例

「職場に戻って何を実践するか決めましょう」

・「A、B、Cの3つのそれぞれについて2つずつ職場に戻ってからのアクションを考えましょう」
・「1週間以内に実践すること、1ヶ月以内に実践すること、もっと長期的に取り組むこと、それぞれ3つずつ挙げましょう」
・「改善という観点で実践すること、大きな改革という観点で着手すること、それぞれ3つずつ挙げましょう」

　以上、講師と参加者との関わり方の中でいかに参加者にモチベーション高く学んでもらう環境をつくっていくかを検証してきました。
　ここまでで研修の内容やその運営方法についてのデザインは、整ったことになります。

2-7

研修後のフォローアップ・効果測定をデザインする

　ステップ6までで、研修当日のコンテンツの準備は整ったことになります（最後にステップ8で、当日の教材・資料を作成すれば準備完了です）。

　ですが、もうひとつ考えておきたい大切なことがあります。それは、「研修後のプロセス」についてです。くり返しになりますが、研修はイベントではなくプロセスです。研修後、どのようなサポートをすることで、参加者が習得し、実践に移していけるか、そこまで見越したデザインをするのが講師に求められることです。

　ここでは、具体的にどういったことを検討すれば良いかを紹介していきます。

本項の Key word

「継続的な学習」
「研修後のフォローアップ」
「リビジット」
「カークパトリックの4段階評価法」

Instructional Design Handbook　245

研修後のプロセスの企画に必要な3つの視点

研修をイベントで終わらせないために

インストラクショナルデザイン7つめのステップでは、研修後のフォローアップについての企画を行います。

「研修はイベントではなくプロセス」です。研修終了時がゴールではなく、**研修終了後に参加者が「何をどう実践し、どんな成果を出すか」までを視野に入れてデザインしていきます。**

そして、研修後のことを、研修が終わってから企画するのではなく、事前にそこまでを含め全体のプロセスとして企画するのです。

ここでは、次の3つの視点から、研修後のプロセスを企画します。

> **POINT!**
>
> ◎研修後のプロセスを企画する
> 　1. 継続的な学習と成長を支援する
> 　2. 研修での学びを実践してもらうための工夫
> 　3. 研修の評価・効果測定

継続的な学習と成長を支援する

フォローアップは「研修前」に企画する

　楽器のレッスンを例に考えてみましょう。

　あなたは、「弾けるようになりたい」と思っている曲があり、教室に通うことにし、３ヶ月後にその曲が弾けるようになることを目標に、プランを立ててもらいレッスンを始めたとしましょう。

　この時、レッスンを始める前に、「３ヶ月のレッスン終了後にイベントがあって、そこで１曲披露してほしい」と予告されたら、いかがでしょうか。

　おそらく、イベントを意識して３ヶ月間練習に励むのではないかと思います。

　一方、イベントのことは知らされずにレッスンをし、イベントの直前になって「イベントで１曲披露してほしい」と言われた場合は、いかがでしょうか。

　最初から予告されていた場合と、直前に言われた場合、どちらのほうがレッスンの効果が高まり、イベント当日のパフォーマンスアップにつながるか——多くの方が、前者（レッスンを始める前に予告された場合）と答えるのではないかと思います。

　研修でも同様のことが言えます。

　「研修で知識とスキルを学ぶ」ことだけを意識して取り組むのではなく、**研修後に何をどう実践してどんな成果を出したいかをイメージして取り組むほうが、より成果に近づけます。**

　ですので、研修企画段階で、研修後のことまでを企画し、さらに、それを参加者に予告しておくようにします。

Instructional Design Handbook　247

研修後のフォローアップの取り組み方

　フォローアップの手法には、参加者が再度集合して成果発表会や、発展的な内容を学ぶような機会を設けることもあります。

　たとえ集まることが難しくてもITインフラを活用して実施することもできるでしょう。たとえば社内のネットワーク上のどこかに成果を全員で共有できる場を提供したりするといったことです。

　時間など物理的な制限はあっても、工夫次第でさまざまな可能性はあります。

　以下に、代表的な研修のテーマとフォローアップの手法の例をまとめます。

〈代表的な研修テーマとフォローアップ例〉

研修テーマ	フォローアップ例
問題解決	●問題解決に取り組み、どのような成果が得られたかを共有する
接客・CS向上・販売	●学んだことを実践し、成功事例を共有する ●苦手なケースについて、その克服方法・解決方法を学んだり、ブラッシュアップ練習をしたりする
リーダーシップスキル コーチングスキル	●研修での学びを実践し、部下に反応をヒアリングしてきたうえで、成功事例や課題を共有する
チームビルディング	●研修での学びを実践し、チーム全体で成果や課題を振り返る

研修後30日で6回のリビジットをデザインする

　研修後も継続的な学習と成長を支援していくためのフォローアップを企画する際に、目安となるのが「**研修後30日で6回のリビジット**」です。

　一度しか聞いていない情報は30日後には10%以下しか記憶にないというエビングハウスの忘却曲線と、その30日間に間隔を空けながら6回リ

ビジットをすれば主要なことは90％以上記憶に留めていることができるという説は1-3でもご紹介しました（81ページ参照）。

これは決して研修中にリビジットすることを否定するものではなく、研修後のリビジットの重要性を示唆するものです。

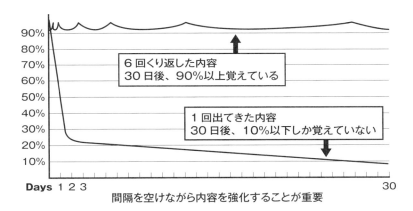

エビングハウスの忘却曲線

なお、フォローアップのデザインの仕方にも工夫が必要です。

30日後に突然振り返りとフォローアップの機会があるのではなく、**研修直後から30日後までに6回リビジットするようなしくみにしておくことで、より長期記憶への定着が期待できる**でしょう。

学んだ内容について、間隔を空けながらくり返すとは、1回学んだ内容を20分後、1時間後、3日後、1週間後、2週間後、3週間後にリビジットするということです。言い換えると、**それぞれのリビジットの間にも、間隔を空ける**ということなのです。

ただし、同じ方法で6回同じ内容を復習するのでは飽きてしまいますし、発展性もありませんので、手法には変化が必要です。

たとえば、次のような方法からいくつか選んで、30日後までのプロセ

スとしてデザインします。

◎**フォローアップのバリエーション**

- ●理解度確認テストが送られてきて、回答する
- ●学びと実践計画をレポートにまとめ上司に提出する
- ●提出したレポートの内容について上司と話し合う
- ●実践計画に書いた内容を実践する
- ●さらに知識を深めるために関連図書を読む
- ●実践した結果を振り返り、再度レポートにまとめ、上司に提出する
- ●上記レポートの内容について上司と話し合う（新たな課題が出た場合はその解決策を決める）
- ●課題だった点について解決策として決めたことを実践する
- ●フォローアップ研修で成果発表として何を話すか、まとめ、資料を準備する

　ここまでを参考にしてフォローアップをデザインした例を示します。

〈フォローアップのデザイン例〉

タイミング	リビジット方法
翌日	内容の振り返りのための確認クイズがメールで送られてきて、それに対して回答する
2日以内	学んだこととアクションプランをまとめて上司に提出する
1週間以内	上司に提出した内容を、面談でも話す
2週間〜3週間	アクションプランに書いた内容を実践する アクションプランを実践しながら、研修教材や参考資料を読み返す
4週間め	上司と面談し、実践したことを振り返る
4週間め	実践したこと、得られた成果、課題として残ったこと、などをまとめて、参加者の共有スペースに投稿する

Work Sheet 10

研修後のフォローアップ：6回のリビジットをデザインする

	時期	リビジットの内容
1回		
2回		
3回		
4回		
5回		
6回		

研修での学びを実践してもらうための工夫

「参加者」への影響力を考慮する

　研修後のフォローアップとして次に考えていきたいのは、**「研修での学びを実践してもらうための工夫」**です。
　ここで考えてほしいことがあります。
　研修で学んだ内容を参加者が職場に戻って実践することに対して、最も影響力があるのは誰でしょうか。また、参加者が実践するかどうかに影響を及ぼすのは、研修前・研修中・研修後のどのタイミングでしょうか。
　ジョン・ニューストロム氏とメアリー・ブロード氏の共著「Transfer of Training」によると、参加者に対して影響力があるのは以下の3人です。

【参加者に影響を及ぼす人】

研修に部下を参加させる上司　　研修講師　　参加者自身

また、影響を与えるタイミングとしては、研修前、研修中、研修後の3つが考えられます。

彼らの調査結果によると、最も影響力の高い「1」から影響力の低い「9」までのランキングは次のようになりました。

〈いつ、誰が参加者に影響力を及ぼすか〉

	研修前	研修中	研修後
上司	1	8	3
講師	2	4	9
参加者自身	7	5	6

つまり、**参加者が研修後に研修での学びを実践するかどうかに対して、最も影響力が高いのは「研修前の上司」で、次が「研修前の講師」、3番めは「研修後の上司」**ということになっています。

「研修後に学びを実践するかどうかは、参加者本人の意欲や自覚によるものではないのか？」という声をよく耳にします。確かに影響はゼロではありません。

ですが、いくら参加者本人が意欲的であっても、上司の影響力がそれを上回るというのが、この調査結果からわかることです。

上司の関わり方が研修の実践度を左右する

研修前後の上司の関わり方として、良い例と良くない例を対比します。

Instructional Design Handbook　253

〈(例) 研修前の上司の関わり方〉

良い例	良くない例
●研修目的や意義を参加者に伝える ●なぜその部下が参加者として選ばれたかを説明する ●研修で何を習得してきてほしいか、部下に期待していることを伝える ●研修で学ぶことがどう役に立つか、どう役立ててほしいかを部下に伝える ●研修中は業務のことは心配せず集中するように促す ●研修後に学んだことの報告を聞くための時間を確保し、日時を決める ●上記を通して、部下が研修に参加する意欲を高める ●研修参加者のニーズを講師や企画者に伝える	●研修に興味を示さない ●研修の目的や人選について、部下に説明がない、もしくは、研修の価値を下げるようなコメントをする ●研修中にメールの返信など業務の継続を期待するようなことを言う

〈(例) 研修後の上司の関わり方〉

良い例	良くない例
●研修直後に学んだことの報告を聞く ●練習のための時間や、新しいスキルや行動に慣れるまでの期間をどうサポートするか話し合う ●そのほか、上司がどのようなサポートをすれば良いか率直に話し合う ●必要に応じてほかの人への共有の機会や、ほかの人からのサポートも得られるようにする	●研修に興味を示さない ●研修で学んできたことを否定したり、懐疑的なコメントをしたりする

　このように比較すると、左側の良い例のような上司のサポートがあれば、研修に対してモチベーション高く参加し、学んだことを実践しようと思うのは部下としては当然の気持ちではないでしょうか。
　一方で、右側のような上司であれば、研修での学びが実践につながりにくくなるのも容易に想像できます。

ここでポイントとなるのは、次の２点です。

◎**学びを実践につなげるポイント**

①**同一人物であっても、研修およびその後の実践に向けての意欲は、上司によって大きく左右される**

　常にモチベーションの高い人、逆に常にモチベーションの低い人が存在するというよりは、同じ人でもさまざまな影響を受け、モチベーションが上がったり下がったりするものであり、参加者に対する影響が特に大きいのが上司である

　参加者のモチベーションを高めるためには、研修中、講師から参加者に対して働きかけることに加え、そもそもモチベーションが高い状態で部下を送り出してもらえるように、研修前の上司へのアプローチが必須となる

②**研修前に意欲が高まっていると、研修中の学びや吸収が良くなり、それが研修後の実践の質を大きく左右する**

　研修後にフォローアップしようとした際、研修でどれだけ吸収し、充実した実践計画を考えて研修を終えているかどうかが大切。研修前にモチベーションを高めた状態で参加していると、学ぼうという姿勢をもって充実した時間を過ごし、質の高い実践計画を立てることが期待できる

　研修後のフォローアップを企画するにあたって上司を巻き込むことは必須です。そして、それは研修が終わってから行うのではなく、研修前の段階から始めることで、より意義のあるフォローアップが実現できます。

Instructional Design Handbook　255

Column

あまり協力的ではない上司を巻き込むコツ

「上司によっては、研修に協力的でない人がいて困る」という相談をよく受けます。ここで考えられる対策は、大きく２つあります。

（対策１）ばらつきを抑えるための支援をする

「部下のモチベーションを高める対話」が得意な上司もいれば、そうではない上司もいます。そのため、研修前に上司から何をどう話してほしいかをすべて任せてしまうと、力量による差が顕著となります。

そこで、話してほしい内容をまとめ上司がそれを活用して話せば一定のレベルはクリアできるような資料を研修担当者側で用意し、上司に渡しましょう。個人的にアレンジして、もっとパワフルなメッセージに変えられる上司にはどんどん工夫してもらえば良いでしょうし、それができなくても資料によって最低限の対話はできるように支援します。

（対策２）組織開発的なアプローチを検討する

コーチングスキルや部下との対話スキルの研修の相談を受けて状況を伺うと、「上司の評価は数字（業績）のみ」というケースも多いようです。つまり、プレーヤーとしての業績のみで評価されていて、部下育成は、自分の評価には影響がないということです。上司といっても人間です。自分の評価に影響があることに注力するのが自然であり、影響がないことにはあまり力を入れなくても不思議ではありません。

一方で私のかつての勤務先は、部下育成や組織力強化は、部下をもつ人の評価の50%のウェイトを占めていました。直属の部下の育成だけではなく、部門や事業部、会社全体の組織力強化に貢献できない人はある一定のレベル以上に上がれない文化としくみがあったのです。

これはもはやインストラクショナルデザインの範囲ではなく、組織開発的なアプローチが必要な領域です。インストラクショナルデザインに携わる人の業務範囲ではないかもしれませんが、社内でうまくコラボレーションしてより大きな成果が出るよう働きかけてみることも一考の価値があるかもしれません。

研修の評価・効果測定

カークパトリックの4段階評価法

研修後のプロセスとして最後に検討したいのは、「**研修の評価・効果測定**」です。

フォローアップ同様、**研修後に何をどういう手法で効果測定するかは、研修後に考えるのではなく、研修前に企画しておきます。**

経営者が研修について知りたいとしたら、それは参加者が満足したかどうかではなく、研修を行って効果が出たのかどうかでしょう。「上期のこの研修はどんな効果が出たのか?」という経営者(払う人)からの問いに対して、「95%の参加者が研修については『大変満足した』と答えました」というデータは、残念ながらあまり意味がありません。とはいえ、研修担当者としては参加者の満足度も大切な指標のひとつではあります。

こうした研修の効果測定については、カークパトリックの4段階評価法が最もよく知られた考え方です。

◎**カークパトリックの4段階評価法**

レベル1	反応	研修に対する満足度を測る
レベル2	習得	研修で学んだことの習得度を測る
レベル3	行動	研修で学んだことの職場での実践度を測る
レベル4	成果	研修の結果、ビジネスにもたらした成果を測る

以下ではそれぞれのレベルにおける効果測定の内容と手法を考えていきます。

レベル1 　反応

　レベル1は**研修に対する参加者の反応**を測ります。

　先ほど述べたように、経営者にとっては残念ながらあまり意味をなさない指標ですが、研修担当者や講師にとってはとても気になりますし、**継続的な質の向上に向けて重要な指標のひとつ**ではあります。

項目	内容
全体的な評価	全体的な満足度、業務に活用できるか、期待していた内容か、など
講師について	講師についての満足度、説明のわかりやすさ、参加者とのやり取りについて、質問への対応について、など
参加者自身について	積極的に参加したか、ほかの参加者はどうか、など
教材について	わかりやすさ、見やすさ、情報の充実度、など

　こうした内容についてできるだけ具体的な設問を準備することで、改善点を特定しやすくします。

　また、質問は、「改善できる・する意思」があることのみにします。

　たとえば、外部の施設を借りて研修を行うような場合は、「学習環境について」も質問します。これは、部屋の快適さ、機材、アクセスの便利さ、などについて聞く意図によるものです。一方、社内の施設で研修を行う場合は、そうしたことについて変更の余地がないこともあるでしょう。質問しても改善できないのであれば、そうした質問は加えないようにします。

　「レベル1　反応」は、研修参加者にアンケートを行うのが最も一般的な手法でしょう。研修終了時に紙で記入してもらう方法や、研修終了直後にオンラインで回答する形式などが一般的です。

　それ以外の方法としては、参加者に個別に感想をヒアリングするフォロ

ーアップインタビューの手法などもあります。

（アンケート例）

研修アンケート用紙

このアンケート用紙は、皆さんの満足度をお聞きすると同時に、改善のためのヒントをお聞かせいただくことが目的です。

日付 ＿＿＿＿＿＿ 年 ＿＿ 月 ＿＿ 日

講師 ダイナミックヒューマンキャピタル株式会社 ＿＿＿＿＿＿＿＿＿＿＿＿＿＿＿＿＿＿＿＿

お名前(もし差し支えなければ) ＿＿＿＿＿＿＿＿＿＿＿＿＿＿＿＿＿＿＿＿＿＿＿＿＿＿

もっとも役に立つと感じた情報は＿＿＿＿＿＿＿＿＿＿＿＿＿＿＿＿＿＿＿＿＿＿＿＿＿＿＿＿
＿＿

この研修で学んだことの中で、実践しようと思うことは＿＿＿＿＿＿＿＿＿＿＿＿＿＿＿＿＿＿
＿＿

この研修で学びたかったけど、情報が得られなかったと思うことは＿＿＿＿＿＿＿＿＿＿＿＿＿
＿＿

私の所属組織は、この研修の結果として何を私から得るか＿＿＿＿＿＿＿＿＿＿＿＿＿＿＿＿＿
＿＿

内容	高				低
全体的な評価	5	4	3	2	1
自分の仕事に役に立つ	5	4	3	2	1
資料が役に立つ	5	4	3	2	1
よくまとまった内容だった	5	4	3	2	1
コメント					

講師	高				低
全体的な評価	5	4	3	2	1
内容に関する知識を持っていた	5	4	3	2	1
参加者に興味を持って接した	5	4	3	2	1
コメント					

資料	高				低
視覚教材は効果的だった	5	4	3	2	1
ワークブックは役に立つ	5	4	3	2	1
よく準備された内容であった	5	4	3	2	1
コメント					

参加者としてのご自身について	非常にそう思う			全くそう思わない	
研修に積極的に参加した	5	4	3	2	1
他の参加者も積極的に参加し、学習過程をサポートしてくれた	5	4	3	2	1
コメント					

Dynamic Human Capital

Instructional Design Handbook 259

レベル2　習得

　レベル2は、**研修をデザインする際に設定した習得したい知識やスキルなどの目的に対して、達成できたかどうか**を測定します。正確には、同じ測定を研修前後に行い、その差が研修で得られた成果であるということになります。

　つまり、研修前からもっていた知識は研修で得られた成果ではありませんので、同じテストをした場合、ビフォーとアフターの得点差が研修の成果だということになります。

　測定対象とその手法は下記のようなものが一般的です。

測定対象	手法
知識習得	●確認テスト ●論文 ●ケーススタディに対する回答
スキル習得	●ロールプレイやシミュレーションなどによる実践スキルテスト ●職場に戻ってから実践の様子をチェック

　このレベル2もレベル1同様、継続的な質の改善のために大切な指標ではありますが、この結果が良いからといってまだ研修は成功したということにはなりません。研修はイベントではなくプロセスですから、研修終了後にどんな成果があったかが大切です。

　つまり、効果測定のレベル3と4が重要になるのです。

レベル3　行動

　レベル3は実践度ですから、**行動変容**と言い換えることもできます。

　研修を受ける前には発揮していなかったスキルを発揮しているか、ある状況における行動が研修を受けた成果で変わったかです。

たとえば、今までは部下から問題報告を受けた時に、感情的になって指示を出していた上司が、部下の話を傾聴し、コーチングのスキルを使って部下自身に解決策を考えさせるようになったなどの行動変容が起きているかどうかを測るのです。

　レベル2の習得度は期待通りの結果だったにも関わらず、その後、学びを実践していない場合、その原因分析をし、今後の計画に活かします。

　レベル3では、参加した本人には下記のような内容で行動変容を測ります。

◎**参加者の行動変容を測る**
- ●**研修で学んだことをどれくらい実践しているか**
- ●**研修で学んだことの何を実践しているか**
- ●**実践してどのような結果が出ているか**
- ●**実践してうまくいっていること**
- ●**実践はしたがうまくいっていないこととその理由**
- ●**実践しようと思っていたが、できていないこととその理由**
- ●**どのような支援があったらより実践につながるか**
- ●**今後何をどう実践していくか**
- ●**今研修を振り返ってみて、研修の改善のためのアイデアや意見**

　また、参加者以外にも、以下のような人からも情報提供を得ると有効です。

- ●**上司**
- ●**部下**（リーダーシップスキル研修などの場合）
- ●**顧客**
- ●**社内顧客**
- ●**同じチームのメンバー**
- ●**業務上接点の多い他部署のメンバー**

Instructional Design Handbook　261

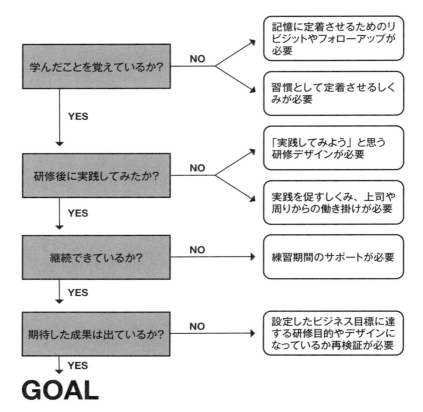

行動変容の測定と改善のポイント

　レベル3の手法としては、やはり最も一般的なものは、アンケートです。
レベル1同様、フォローアップインタビューなども可能です。
　たとえば、参加者の上司にフォローアップインタビューする場合、次のようなことを聞き出します。

（例）上司へのフォーローアップインタビューで聞くこと

- あなたの部下は研修で学んだことをどれくらい実践しているか
- 具体的に研修で学んだことの何を実践しているか
- 実践してどのような結果が出ているか
- 実践はしたがうまくいっていないこととその理由
- 実践すると言っていたが、できていないこととその理由
- 上司としてどのような支援をしているか
- 今後何をどう実践していってほしいか
- 研修の改善のためのアイデアや意見

レベル4　成果

　レベル4は、**研修を行うことでビジネス上どんな成果が得られたかを数値化する大切なステップ**です。研修参加者が、研修で学んだことを活かし、実践した結果、売上、顧客満足度、従業員満足度などのビジネス指標にどのようなプラスの変化が生じたかを検証します。

〈研修テーマと変化を追跡調査する指標の組み合わせ例〉

研修テーマ	ビジネス上の指標
オペレーションを学ぶ研修	作業効率（時間）、品質指標、ミスや不良品の発生率
接客応対	顧客満足度、クレーム発生率
販売スキル	売上、販売数、コンバージョン率
営業スキル	訪問数、販売数、売上、シェア、決定率
電話応対スキル	電話応対件数、電話1件あたりにかかる時間
試験対策	合格率
部下育成・リーダーシップ	エンゲージメント、従業員満足度、離職者数・離職率、部下の昇進昇格率

Instructional Design Handbook　263

そもそも研修とは、知識やスキルの習得がゴールなのではなく、「結果を出す」ために行っているはずですので、このレベルの検証は欠かせないものです。

　ですが、現実には、研修以外の外的要因（競合会社の動き、景気の動向、世の中で起きた事件や事故の余波など）の影響も大きくなります。指標・KPIに変化があったとしても、それが研修の成果によるものなのか、ほかの要因によるものなのかの判断が難しいと言えるでしょう。

　しかし、**「外的要因が多くて検証できない」**というのは、ビジネスの世界では**容認されない**言い訳です。すべての研修でレベル４を測定することは現実的ではないかもしれませんが、検証が難しいから検証すらしないという姿勢は避けるべきです。

POINT!

◎レベル４　成果の測定方法

　行動変容の結果として、ビジネス上の指標・KPI（たとえば売上、顧客満足度、マーケットシェアなど）の変化を測る

経営者が知りたいのは「成果」

　経営者やそのほかのステークホルダーにとって、最も興味があるのは成果、つまりレベル４です。レベル１について、「講師への満足度が５点中4.9だった」などは、あまり意味をもたないのが実情です。

　新商品の販促活動を行う場合、販促活動を行った結果、「イベントが楽しかった」という指標の報告だけで済むはずはありません。施策の結果、どれくらいのシェアや売上につながったのかが問われています。

　こうしたビジネスにおける常識は、研修においても問われているのです。

　つまり、研修や人材開発の取り組みの成果をいかにビジネスに結びつけて示せるかが、人材開発担当者の仕事の価値そのものでもあります。

効果測定と研修デザイン

「レベル４」から遡ってデザインする

　上記で述べた４つのレベルについては、研修前から意識が必要な部分です。というのも、研修が終わってから、後追いでレベル３やレベル４を測定しようとすると、外的要因の影響もあって難しくなるからです。

　研修の企画段階で、**最初にレベル４の数字について、経営者など組織のトップと合意**します。これから研修を行うことで、成果を出したい数値は何で、その具体的な数字は何なのかを決めておくのです。

　そのうえで、その数値を達成するために、研修参加者は、研修終了後にどんな行動変容を起こす必要があるのかを特定します（レベル３）。そして、その行動変容を起こしてもらうための研修を企画しデザインしていくという流れになります。

　たとえば、リーダーシップ研修を企画するにあたって、従業員の満足度調査で「上司」についてのスコアを10ポイントアップさせることを目標とする、というようなものを決めるのです。そして、その「上司についてのスコアを10ポイントアップ」させるためには、上司の行動をどう変える必要があるのかを特定します。そのうえで、その行動変容を起こすことが可能になるような研修をデザインしていくのです。

　すると、研修終了後にレベル３の行動変容が起きたかどうかの測定をする際、何を指標にするかが明確になります。レベル４について外的要因の影響を受けてしまうことに変わりはありませんが、少なくとも企画段階で想定した行動変容が起きたかは測定できることになります。

　それでも、レベル４の測定結果が研修による成果であると証明はできないことに変わりはありませんが、「この行動変容が起きればレベル４の変

化を起こすことができる」と想定したレベル3の行動変容の測定は可能になるので、数値の説得力は増すと考えられます。

研修はイベントではなくプロセスです。

研修前の企画の段階から、研修後の効果測定のタイミングや指標、測定方法まで計画しましょう。

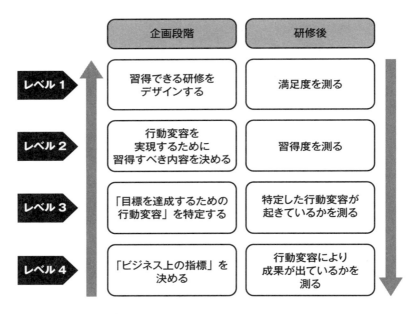

レベル4から遡って研修を企画する

Work Sheet 11

レベル4から遡って効果測定の指標を検討する

	目的	指標
	「ビジネス上の指標」を決める	
	「目標を達成するための行動変容」を特定する	
	行動変容を実現するために習得すべき内容を決める	
	習得できる研修をデザインする	

（記入例）「OJTスキル研修」の場合

	目的	指標
レベル4	「ビジネス上の指標」を決める	「仕事にやりがいを感じない」という理由での新入社員の1年後の離職がゼロ
レベル3	「目表を達成するための行動変容」を特定する	3ヶ月ごとのフォローアップアンケートと、必要に応じてヒアリングを行い下記をモニターする ・OJT担当者・受け入れ側の上司が、各新入社員に対して1年間の育成計画を立て、それに基づき実践している ・OJT担当者・受け入れ側の上司は上記計画を人事部と共有し、必要なアドバイスを受けている ・OJT担当者・受け入れ側の上司は月に1回の面談で、新入社員と率直な話し合いの場を設け、問題の早期発見と解決を行っている
レベル2	行動変容を実現するために習得すべき内容を決める	研修終了後に提出された計画のクオリティを確認 ・人材育成計画が立てられる 研修終了時にスキルチェック ・効果的なOJTを行うスキルを習得している
レベル1	習得できる研修をデザインする	研修アンケート ・内容についての理解度 ・実践の意気込みや何を実践しようと思っているか

2-8

資料・会場を準備する

さて、いよいよインストラクショナルデザインの最後のステップです。

この段階で、はじめて当日に使う資料（スライド、教材など）の準備を行うことになります。ニーズ、目的に沿ったコンテンツを、どのようなスライド、教材にしていくのが効果的なのかを検討していきましょう。

また、加えて準備したいのが、会場の設営です。「会場の設営」は、研修参加者に対して与える重要なメッセージ。研修を効果的なものとするためにも、どのような設営を行い、何を準備すれば良いかは、事前に検討しておきたいところです。

本項の
Key word

「スライドとワークブックの役割」
「スライド作成のポイント」
「ワークブックの構成」
「会場準備」

Instructional Design Handbook　269

研修の資料を準備する

スライドを印刷したものを配布することの問題点

インストラクショナルデザイン最後のステップは、資料を作成し、備品や機材、会場の準備をするステップです。

研修の準備をしようとした時に、まずスライドの作成、編集から始める方が多いのですが、それは適切ではありません。目的・コンテンツがすべて決まったこの最終段階で、スライドやワークブックを作成していくのが最も効果的です。

研修実施の際、準備する資料は、おもに**スライド**と**ワークブック**です。

こうした教材が、参加者が研修内容を習得するために、とても重要な役割を果たすことに異論はないかと思いますが、実際の研修の現場で、資料・教材を効果的に作成できていないケースはしばしば見かけます。

たとえば、「スライドを印刷したものを教材として配布する」というケースは、**典型的な失敗例**です。

スライドを印刷配布するとなると、スライドに掲載する情報が多くなってしまいます。すると、スライドの文字は小さくなり、投影すると見えなくなるため、参加者は手元の資料ばかりを見続けることになります。それでは、投影している意味はありませんし、講師とアイコンタクトをとることもできません。

また、スライドに掲載される情報が多くなると、参加者はスライドにばかり気をとられ、講師の説明を聞き逃してしまう恐れもあります。

かといって、1枚あたりのスライドの情報量を減らすと、後日見直してもらう資料としては、情報が少なくなってしまいます。参加者が、講師の説明を聞いてメモをとるにしても限界がありますので、後日見返したとき

に十分な情報が得られなくなってしまうでしょう。

こうした理由から、スライドを印刷したものをワークブックとして配布することは、学習上、不適切なのです。

スライドとワークブックの役割

では、効果的なスライド、ワークブックはどういったものでしょうか。また、ここまで準備してきたコンテンツを、どのように入れていけば良いでしょうか。

スライドとワークブックは、それぞれ異なる目的をもっています。下記の表を参考に、入れるべき情報を検討していくといいでしょう。

〈スライドとワークブック〉

	スライド	ワークブック
目的	●学びや理解を促進し、記憶の定着を補佐するような視覚情報を提供する	●メモをとったり、空欄を埋めたりする ●後日参照できるように、詳細な情報や説明を掲載しておく
入れる情報	●ワークブックの空欄に入るキーワードや重要ポイント ●重要ポイントの記憶の定着を補佐する写真などのビジュアル ●図、グラフなど	●重要ポイントおよびその解説 ●ワークシート ●ノートスペース ●アクションアイデアページ
注意点	●シンプルなデザインで文字は大きく ●文章ではなく、キーワードや短いフレーズ	●後で読み返した時にわかるような説明や補足情報

効果的なスライドを作成する

スライドに入れる３つの情報

　まずは、スライドの作成方法から検討していきます。

　スライドの目的は、学びや理解を促進し、記憶の定着を補佐するような視覚情報を提供することです。情報を視覚から補佐する役割を担うことになりますので、ビジュアルにも工夫が必要です。

　スライドに入れる内容は、大きく以下の３点です。

POINT!

◎スライドに入れる３つの情報

1. ワークブックの空欄に入るキーワードや重要ポイント
   - そのトピックのキーワードや重要ポイントを箇条書きにまとめる（ワークブックでは、箇条書きにしたキーワード・重要ポイントを空欄にして、埋めてもらう形式にする）
   - 空欄の箇所は色を変える、下線を引くなどする
   - 短い文、フレーズやキーワードを、できるだけ１枚に１つに絞る

2. 重要ポイントを補佐する写真などのビジュアル
   - １枚に１文掲載し、その言葉のイメージを補佐するビジュアルを入れる

3. 図、グラフなど
   - 図やグラフがある場合スライドに掲載するが、同じものをワークブックにも掲載しておく
   - 特に、複雑だったり、文字が多かったりするものは必ずワークブックに同じものを入れる

なお、説明文はスライドには入れず、ワークブックに載せます。
また、「ではここで質問です」など、研修の進行を助けるための情報も、スライドの目的（学びや理解を促進し、記憶の定着を補佐するような視覚情報を提供する）に合ったものではありませんので、加えません。

効果的なスライドの使い方

では、こうしたスライドはどのように使えば良いでしょうか。
デリバリースキルに関連する部分にはなりますが、概要を紹介します。

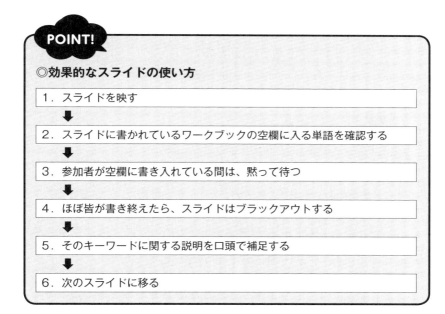

以上の一連の流れをくり返します。
スライドを投影するのは、参加者が手元のワークブックの空欄に入る単語を書いている間だけです。言葉の長さにもよりますが、**目安は30秒〜1分程度**です。

「5. そのキーワードに関する説明を口頭で補足」している間は、**スライドはブラックアウト**します。そうすることで、**参加者の視線をスクリーンではなく講師に向けてもらうことができる**でしょう。脳はマルチタスクできませんので、視覚情報を減らし、説明という聴覚情報に集中してもらうことで、効果的な学習をサポートします。

スライドデザインのポイント

　続いてスライドのデザインについて検討していきます。

　スライドは、学びや理解を促進し、記憶の定着を補佐するような視覚情報を提供するものですから、シンプルなデザインで、大きくて読みやすい文字、情報を視覚から補佐するビジュアルがあるものを目指します。

　次のようなポイントに留意することで、効果的なスライドを作成できるでしょう。

POINT!

◎スライドデザインのポイント

- シンプルなデザインで文字を大きく
  （文字の大きさは、48~64ptを目指す）
- 言葉を補佐するビジュアルを入れる
  （ビジュアルによってイメージを強め、記憶に定着しやすくなる）
- 文章ではなく、単語、短いフレーズを掲載する
- 背景は暗く、注目してほしいものや読んでほしい文字は明るくする
- 音が鳴り続けたり、ずっと動きが継続するアニメーションは使わない（参加者が音やアニメーションの動きに気をとられてしまうため）
- アニメーションは1枚に1～2ヶ所程度であれば良いが、それより多くなると、出し忘れたり、目障りだったりといったデメリットがあるため要注意

![相互理解を深める]	シンプルなデザイン
	文字は大きく（48〜64pt）
	【見出しのスライド】をテーマが変わる度に入れる
	文章ではなく単語やフレーズのみにし、文字数を少なくする
	背景は暗くして、注目してほしいものを明るくする
	１枚のスライドを投影するのは30秒〜１分。説明している間はブラックアウトする
	言葉を補佐するビジュアルを入れる
（写真：shutterstock）	・ビジュアルはフリー素材でも良いが安っぽく見えないものにしたい（プロ仕上げにするなら購入したものを使う） ・ソフトに元々入っているものは見飽きるため避ける

2 インストラクショナルデザインの8つのステップ

Instructional Design Handbook 275

「ワークブック」を作成する

ワークブックは３部構成

　次にワークブックです。

　ワークブックの目的は、「メモをとったり、空欄を埋めたりすること」そして、「後日参照できるように、詳細な情報や説明を掲載しておくこと」でした。

　その目的を達成するためにも、**ワークブック全体の構成は、どこが重要なのかが一見してわかるようにします。**

　教える側の心理としては、「すべて重要な情報だ」と言いたくなってしまいますが、研修の時間は限られています。参加者が受け止められる情報量には限界があるのです。そこで、メリハリをつけて、重要な内容に焦点を当てるためにも、**どこが重要な内容かが一目瞭然となるようにします。**

　さらに、情報タイプの方（74ページ）やもっと学びたい意欲がある人のために、周辺情報や参考情報なども提供する必要があります。

　また、メモしきれなかったり、記憶から消えてしまったりした際に補えるよう、後日参照用の情報を掲載する必要もあるでしょう。

　このようなニーズに対応するため、ワークブックの構成は次の３部構成にします。

〈ワークブックの構成〉

重要項目	文字通り重要と位置づけられた内容のページ
補足	さらに詳しい情報、事例、アイデア集など、重要項目を補う内容のページ
参考資料	もっと知りたい人にとっての情報源のページで、参考文献、参考図書、ウェブサイトなどの紹介ページ

前のページの３つに加えて、ワークブックには以下のページも含めておくことをお勧めします。

それによって、参加者にとっては使いやすいだけではなく、用意周到でこの分野の知識や経験豊富な存在として、講師の信頼を高めることにも役立ちます。

〈ワークブックに盛り込みたい内容〉

目次	研修の内容およびワークブックのどこに何が掲載されているかを理解するためのページ
講師略歴	・講師が研修分野において豊富な知識をもっていて、研修の講師をするのにふさわしいことがわかる情報を掲載することで、講師としての信頼を得ることにつながる ・ただし、こうした情報を重視する人もいれば、あまり関心をもたない人もいるため、口頭での自己紹介は簡潔に済ませ、もっと情報が必要な場合は、ワークブックの該当ページを参照するように促す（休憩中に講師略歴ページを熟読している参加者も少なくない）
ノートページ	・余白では書ききれない場合に使用するスペースとして、コンテンツが何も書かれていないノートをとるためだけのページを用意する ・「アクションアイデア（アクションプラン）」ページ（173ページ参照）を設けておくことで、研修後の実践に向けてのアクションプランを整理するためのページとしても活用できる

ワークブックの目的と内容

こうしたページを設けたうえで、重要項目のページは次のことを目的に作成します。
「メモをとったり、空欄を埋めたりする」「後日参照できるような、詳細な情報や説明を掲載しておく」 この目的を踏まえ、次のような要素を入れたものが適切です。

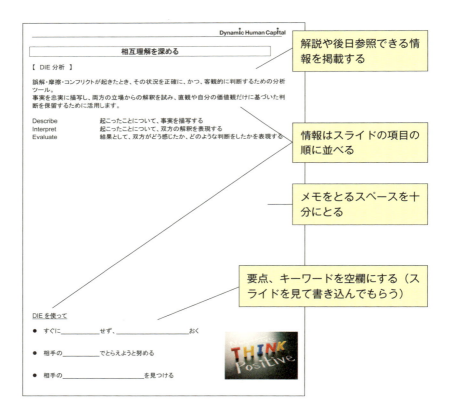

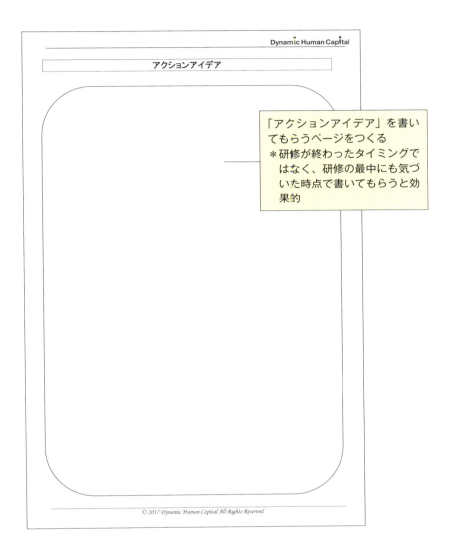

インストラクショナルデザインの8つのステップ

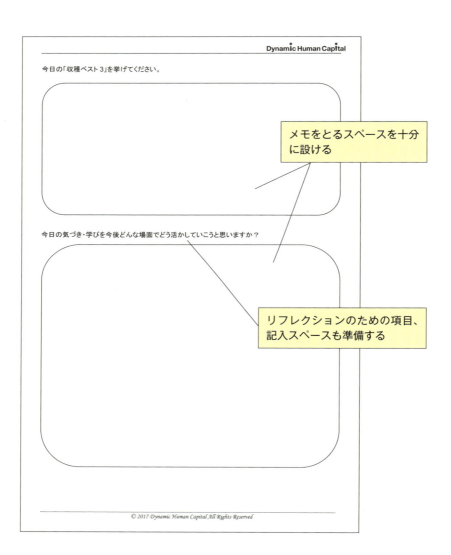

Column

研修もペーパーレスがいい？

「ペーパーレス」の観点から、ワークブックは紙で配布せずに、データで配布するという企業も増えているようです。

ですが、「書いて覚える」ことが長期記憶への定着を助けること、しかも手書きすることに意味があることから、配布するワークブックは紙をお勧めします。

もしくは、PDFなどのデータでも、タブレットを使って、画面上にペンで書くことができるような状態のものを使うことをお勧めします。

また、紙の場合、かけられる費用と手間に応じて、以下のような体裁を使い分けます。

● 白黒かカラーか：写真などが入っている場合、カラーの方が親切なのは言うまでもありません
● 綴じ方：ホッチキス止めが一番安あがりですが、リングで綴じる、ファイルに入れる、製本する、などすると特別感が出たり、書類の中に埋もれず発見しやすかったりします

資料以外の準備

機材、備品を準備する

　教材・資料の準備が終わったら、残りの機材、備品を準備します。直前になってあわてることのないように、余裕をもって準備をすることをお勧めします。

〈用意する機材や備品〉

機材・備品	使用目的・方法
PC、プロジェクターとスクリーン	スライド投影
スピーカー	BGMや講師がマイクを使う場合に必要
マイク	人数が多い場合、必要。両手が自由になるピンマイクがお勧め
カラフルで太い水性ペン	各グループでフリップチャートを使って書き出したりする際に必要。1人1本以上の本数を準備する
付箋	自由に使えるように、各グループに用意する
リモートマウス	スライドや音楽をパソコンから離れた場所から操作する
エナジーチャイム	ディスカッションの終了などを音で知らせる
リフレッシュメント	いわゆるお菓子や飲み物
参考図書	参考情報として、もっと知りたい人のために、休憩時間などに手に取れるように置いておく

フリップチャート	グラウンドルールやアジェンダは、ずっと掲示しておけるようにフリップチャートに書いておく。また主要なコンセプトなど、何度もリビジットしてもらいたい内容もあらかじめフリップチャートに書いておき、研修中は壁に貼っていつでも見えるようにしておく。グループでのディスカッションで書いて発表してもらう場面があれば、各グループに1台フリップチャートを、もしくは下記のホワイトボードを用意しておく
ホワイトボード	書きながら説明したり、発表内容を書き留めたりするために使う

会場の準備

続いて会場の準備です。

研修のテーマ、目的に合わせた会場設営が重要ですが、典型的な会場設営6種類の方法のメリットとデメリットをまとめます。

〈会場設営の6つの方法〉

	メリット	デメリット
①スクール型	・比較的多くの人数を収容できる ・設営に時間がかからない	・グループワークに不向き ・受け身になりやすい
②シアター型	・会場の大きさによるが、とても多くの人数を収容できる	・メモをとりづらい
③コの字型	・講師から全員に目が行き届く	・参加者同士の対話がしづらい
④ボードルーム型	・特別感がある	・講師が参加者に近づきづらい ・後方からの視線や接近がストレスになる
⑤島型	・グループワークが容易 ・参加者同士の対話がしやすい	・スペースが必要 ・講師の死角に入る参加者が出る
⑥円卓	・講師からの死角がほぼない ・参加者同士の対話がしやすい	・円卓のある会場が少ない

Instructional Design Handbook

①スクール型　　　　　②シアター型

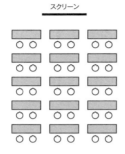

③コの字型　　　　　　④ボードルーム型

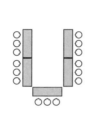
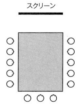

⑤島型　　　　　　　　⑥円卓

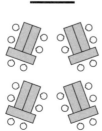
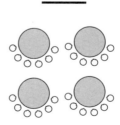

参加者主体の研修を実施するうえで最もお勧めなのは、「円卓型」の会場設営です。5〜6名を1グループとする島型（⑤）にも似ていますが、講師からの死角ができづらく、参加者同士の視線が真横や真正面にならないという点が大きなメリットです。

　なお、どの型をとる場合も、次の3つのポイントに注意して、会場を準備します。

POINT!

◎会場設営のポイント

①スペースに余裕をもたせる

　大人の学習には、物理的なストレスがないことが非常に重要です。どの型で設営するにしても、スペースには余裕をもたせましょう。立ったり、ほかのグループの参加者と対話を行ったりすることを考えて、テーブルとテーブルの間は歩けるだけのスペースを確保します

②出入り口の位置は部屋の後方にする

　やむを得ない理由で途中で出入りする人のために、またオブザーバーの方の出入りが気にならないように、出入り口は部屋の後方になるように設営します

③必要なものをすべて設置する

　参加者が使うテーブルと椅子以外にも次の3点は必ず設置します

リフレッシュメント用のテーブル	飲み物やお菓子などを置いておく
参考図書置き場	その日のテーマ、トピックに関連のある書籍を展示し、自由に見てもらう
文具置き場	付箋などの文具の予備を設置する

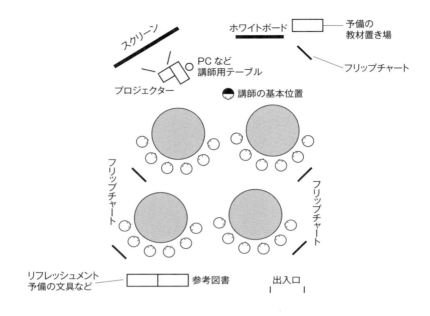

「15分ルール」

　会場設営について、大切な点がひとつあります。
　それは、**研修開始直前の15分と、終了直後の15分は講師は体をフリーにしておく**ことです。
　目的は参加者とコミュニケーションをとることです。
　早く来ている参加者と会話したり、終了後は参加者からの質問を受けたりするかもしれません。直前までバタバタと準備するのではなく、15分前までに必要な設営や機材チェックは終了します。直前まで慌ただしくしていたり、終了と同時に急いで会場を去ったりするのではなく、前後15分の余裕をつくります。

Work Sheet 12

「研修準備」確認シート

企業名	
研修名	
実施日	年　　　月　　　日
開始時刻　／　終了時刻	：　　　～　　　：
参加人数	名
研修会場	
昼食時間	：　　頃
担当講師名	
担当講師連絡先	
講師到着時刻	：　　頃
研修資料送付予定日	頃予定

備品（用意いただくものに◎をつける）	
PC	
プロジェクター	台
スクリーン	台
ピンマイク	つ
スピーカー	
ホワイトボード	台
ホワイトボード用ペン	
フリップチャート	
配布資料	
参加者名簿	
名札	

会場レイアウト（イメージ図）　　　　名/島、　　島

（レイアウトを簡単に記入する）

（記入例）

企業名	ABC株式会社様
研修名	トレーナー養成ワークショップ
実施日	2018年8月31日
開始時刻 ／ 終了時刻	9:30～17:00
参加人数	20名
研修会場	御社内会議室A
昼食時間	12:30ごろ
担当講師名	中村文子
担当講師連絡先	090-xxxx-xxxx
講師到着時刻	8:00ごろ
研修資料送付予定日	8月28日ごろ予定

備品（◎印のものをご用意願います）	
	PC	持参します
◎	プロジェクター	1台
◎	スクリーン	1台
◎	ピンマイク	1つ
◎	スピーカー	パソコンから出力できる音響設備
◎	ホワイトボード	2台
◎	ホワイトボード用ペン	
◎	フリップチャート	事前送付します
	配布資料	ワークブック、配布資料、備品など事前に送付します
◎	参加者名簿	
◎	名札	

会場レイアウト（イメージ図）　　5～6名/島、　島

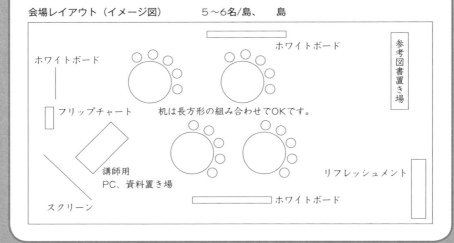

第3章

インストラクショナル
デザインの実践例

Instructional Design Handbook

3-1

インストラクショナルデザインを
実践する

　第2章では、インストラクショナルデザインの具体的な進め方を検討してきました。第3章では実践編として、第1章（1-2）でご紹介した3つの失敗例を、インストラクショナルデザインの8つのステップに当てはめ、再検討していきます。

　1-2で問題だったところがどのように改善されているかという視点に加えて、ここでご紹介する3つのCASE（知識付与型の研修、抽象的なニーズに基づく研修、課題解決のための研修）の実践例を、ぜひとも皆さんの研修デザインに活かしてください。

本項の
Key word

「インストラクショナルデザインの8つ
のステップ」

実践例①　知識付与型の研修

CASE1　大月さんの「労務管理研修」

　まずは、大月さんの新任管理職に対する労務管理についての研修です。

　この研修は、１時間半で管理職に必要な基本的な労務管理の知識について伝えてほしいという依頼でした。

　改善前のデザインの概要は、下記の通りでした。

〈インストラクショナルデザイン失敗例〉

時間	トピック・内容	進め方
40分	**有期労働契約の締結、更新および雇止めについて** ●契約締結、更新時の注意点 ●雇止めについての考え方と注意点	●関連する法律の内容を確認する ●契約締結、更新、雇止めの判断の際に間違えやすいポイントと注意点について解説する ●裁判事例の紹介
40分	**労働時間の管理について** ●労働基準法のポイント ●ガイドラインのポイント **働き方改革と管理職の役割**	●労働基準法のポイントの再確認 ●最新情報として「労働時間の適正な把握のために使用者が講ずべき措置に関するガイドライン」を解説する ●働き方改革の取り組みにおいて、管理職に期待する役割の確認と、さまざまなケースにおける対応方法について解説
10分	質疑応答	質問に回答する

　８つのステップに沿って、大月さんの研修をデザインしていきます。

【ステップ1】 ニーズを分析する

「新任管理職が労務管理について学ぶ」という場合、誰がどのようなニーズをもっているでしょうか。大月さんは、次の通りデータ分析、アンケート、ヒアリングをしてみることにしました。

〈ニーズ分析〉

調査対象	調査方法、内容	得られた情報
送られる人 ＝新任管理職	【データ分析】 人事部が管理職から受ける質問や相談の内容はどのようなものが多いのかを分析した	相談トップ3 1. パート・アルバイト・契約社員の雇用契約についてのもめ事 2. 同雇用契約終了時の手続きについて 3. 部下の育児休暇、介護休暇、時短勤務などについて
送る人 ＝管理職の上司	【アンケート】 労務管理について、「新任管理職の時にこういう知識がなくて苦労した」「こういうことをもっと早く知っていたら良かった」と思うことを教えてもらうアンケートを実施	アンケート結果トップ3 1. パート・アルバイト・契約社員の雇用契約について 2. もめ事の原因になるリスクの高いちょっとした一言 3. 社内でよくあるケースとその対応方法
払う人 ＝人事部長	【ヒアリング】 労務管理をきちんと行わないことのリスク、きちんと行うことで得られるメリットについて会社全体に発信したいメッセージを聞かせてもらうためのヒアリングを実施	リスク：他社事例からわが社でもあり得そうなリスク、過去にわが社で起きた事例など メリット：労務管理というと面倒、難しいというマイナスイメージが強いかもしれないが、実は社員のエンゲージメントを高めることにもつながる大切なことであるというメッセージ

【ステップ2】 参加者を分析する

　今回の参加者である新任管理職とは、どういった人たちでしょうか。
「知識」「興味」「言語」「影響力」の４つの観点から、分析していきます。

〈参加者の分析〉

知識	●労務管理について本格的に学んだことがある人はおそらくいない ●ただ、これまでの社会人経験があるので、労務管理について管理職の立場で学んだことはないとしても、働く者の１人として一般常識的なことは知っているはず ●ニュースで大きく取り上げられるような事例も見聞きしていると思われる
興味	●とても興味がある、という人はいないだろう。どちらかと言うと、面倒、難しい、という気持ちが強いのでは？ ●トラブルに巻き込まれたくないから知っておかねば、という人は多いであろう
言語	●専門用語はあまり知らない
影響力	●学んだ内容を職場で実践する権限はある

【ステップ3】 目的を設定する

　次は、研修の目的を設定します。

　研修の目的は、４つの領域で考えます。

　検討の結果、当初検討していた「働き方改革」というテーマは、会社全体での新しい取り組みであり、新任管理職だけに必要なことではないため、目的には含めないことにしました。

Instructional Design Handbook　293

〈研修の目的〉

認知領域	●パート・アルバイト・契約社員の雇用契約についての正しい知識を得る ●労働時間の管理や育児休暇、介護休暇、時短勤務についての質問に対応できる知識を得る ●労務管理はリスクもある一方で、知ってうまく活用することで社員のエンゲージメントを高める前向きな面もあることを知る
感情領域	●難しくない、そんなに面倒なことではない ●何か不安や疑問があったら、もめる前に人事部に気軽に相談しようと思う
行動領域	●基礎的な理解をもとに自信をもって部下に対応する ●何かあった時には今日の資料を参照する ●それでも不安や疑問がある場合は早めに人事部に相談する
対人関係領域	●パート・アルバイト・契約社員の雇用契約について、よくあるケースの対応ができるようになる

【ステップ4】 オープニングとクロージングをデザインする

　まず、オープニングについて。

　参加者分析で考えたように、**このトピックに興味をもっている参加者は少なく、どちらかというと、「面倒」「難しい」といったネガティブなイメージの人が多い**と予測できます。

　そのため、オープニングから難しい内容を話すのではなく、クイズのようなものにして興味を引き、入りやすい雰囲気づくりが大切だろうと考えました。グループで相談することで正解率を高めること、そして難易度を低めに設定することで正解率を高め、前向きな雰囲気づくりを心がけることにしました。

　続いてクロージングです。

　今日学んだ内容が、自分のアクションにつながることを具体的にイメージしてもらうために、1人ひとりにアクションプランを考えてもらう時間をつくります。

　また、ポジティブな印象で終えるために、人事部長からの前向きなコメ

ントをビデオメッセージで流すことにしました。

〈オープニング案（所要時間10分）〉

時間	内容	必要なもの
8分	【クイズ：真実か伝説か】 パート・アルバイト・契約社員の雇用契約について3問、育児休暇、介護休暇、時短勤務について2問、管理職からの問い合わせでよくある内容をもとに全員が正解できそうなクイズを出題する ⬇ グループで、出題分の内容が、真実（正しい）か伝説（間違い）かを3分間話し合ってもらう ⬇ 1問ずつ、真実の場合は緑の札、伝説の場合は赤の札を各グループの代表者にあげてもらい、回答を示し、解説を行う	スライド、配布資料（重要項目）にクイズを掲載 各グループに緑と赤の札 解説の詳細は配布資料の補足ページに掲載
2分	今日の目的と内容の紹介 講師自己紹介	

〈クロージング案（所要時間10分）〉

時間	内容	必要なもの
7分	【アクションプラン】 個人ワーク：実際の部下やメンバーで、近い将来今日の内容を活用することが必要になりそうな人について、どんな点に留意して対応するか、整理して書き出す ⬇ 隣の人とシェア	アクションプランを書くスペースを配布資料に入れておく
3分	【人事部長のビデオメッセージ】 労務管理はネガティブなイメージが強いかもしれないが、管理職がツールとして使いこなせば、メンバーのモチベーションやエンゲージメントを高めるために役に立つものであること、皆さんの協力がないと人事部だけで管理することはできないこと、人事部は皆さんのサポートを全力で行うこと、をメッセージとして語ってもらい、それを映像で流す	ビデオメッセージ

Instructional Design Handbook　295

【ステップ5】研修コンテンツを作成する

　90分のうち、オープニングとクロージングに各10分使いますので、残りの70分に組み込むコンテンツを検討します。

　コンテンツを詳細に考える前に、設定した目的を再確認しておきましょう。

　今回の研修の目的は次の通りでした。

〈研修の目的〉

認知領域	●パート・アルバイト・契約社員の雇用契約についての正しい知識を得る ●労働時間の管理や育児休暇、介護休暇、時短勤務についての質問に対応できる知識を得る ●労務管理はリスクもある一方で、知ってうまく活用することで社員のエンゲージメントを高める前向きな面もあることを知る
感情領域	●難しくない、そんなに面倒なことではない ●何か不安や疑問があったら、もめる前に人事部に気軽に相談しようと思う
行動領域	●基礎的な理解をもとに自信をもって部下に対応する ●何かあった時には今日の資料を参照する ●それでも不安や疑問がある場合は早めに人事部に相談する
対人関係領域	●パート・アルバイト・契約社員の雇用契約について、よくあるケースの対応ができるようになる

　コンテンツとしてメインとなるのは、太字にした3つのトピックです。

1．パート・アルバイト・契約社員の雇用契約についての知識
2．パート・アルバイト・契約社員の雇用契約についてのケーススタディ
3．労働時間の管理や育児休暇、介護休暇、時短勤務についてのFAQ

　これら3つのコンテンツに関して、ブレインストーミングをし、重要項目を絞り込んで、次のようにデザインしました。

〈70分のコンテンツ例〉

時間	CSR	内容	必要なもの
20分		パート・アルバイト・契約社員の雇用契約についての知識 **【空欄に入る言葉を予測】** このトピックについて、これだけはおさえてもらいたいと思う点をA4で2ページにまとめ、その2ページの中のキーワード15ヶ所を空欄にしたページを配布資料として用意。15ヶ所に入る言葉＋紛らわしいものを含め合計20の言葉リストを同じく配布資料として用意	A4で2ページにまとまった重要点の文章（空欄15ヶ所）
	CS	**ペアワーク（5分）** どこにどの言葉が入るかをペアワークで予測してもらう。その際、参考資料ページにある関連資料や法律の解説文などは参照して良い	15ヶ所に入る言葉＋5つで20の言葉リスト
	CS	**解答・解説（13分）** 1つずつ予測した答えを発表してもらいながら進める。また関連情報が参考資料のどこにあるか見つけた人から発表してもらう	参考資料として、雇用契約に関する法律や解説文
	R	**リビジット（2分）** 間違えた部分や大切だと思った部分、個人で3ヶ所に印をつけ、ペアで共有	
20分		パート・アルバイト・契約社員の雇用契約についてのケーススタディ **【ケーススタディ】** 自社で過去に起きたケース、他社事例で自社でもありそうなケースをもとにケーススタディを2つ作成	ケース2つ
	CS	**グループワーク（8分）** ケース1とケース2を分担し、グループで対応を検討する	
	C	**解答・解説（10分）** 各グループからの発表を受け、解説を行う	補足ページに模範解答を掲載
	R	**リビジット（2分）** 自分の現状を思い起こし、リスクになりそうなことがないか考察	他社事例を参考資料に入れる

3

インストラクショナルデザインの実践例

Instructional Design Handbook　297

		労働時間の管理や育児休暇、介護休暇、時短勤務についてのFAQ 【カードワーク】 育児休暇、介護休暇、時短勤務について、表に問題、裏に答えが書かれたカードを20枚用意する グループワーク（8分） 各グループで制限時間8分以内に何問正解できるかを競うゲーム方式 ⬇ 8分間終了後、各グループの正解数を報告してもらう（自己申告でOK） ⬇ 解答・解説（7分） 間違えた箇所や、時間内に終わらなかった問題について解説する ⬇ リビジット（5分） 補足にある解説を再確認して、疑問点があれば質問してもらう	カード20枚 配布資料（重要項目）に20問を掲載しておく 補足ページに解答を掲載しておく
20分	CS C R		
10分		【質疑応答】 ここまでに時間が押していたらここで調整。時間の許す限り質問を受けつける	ノートスペース

【ステップ6】研修の運営方法を検討する

この研修の4つの領域における目的のうち、感情領域と行動領域について再掲します。

これらは、講師が参加者と関わり、ファシリテーションを進めながらメッセージを発信することで対応する部分です。

感情領域	●難しくない、そんなに面倒なことではない ●何か不安や疑問があったら、もめる前に人事部に気軽に相談しようと思う
行動領域	●基礎的な理解をもとに自信をもって部下に対応する ●何かあった時には今日の資料を参照する ●それでも不安や疑問がある場合は早めに人事部に相談する

講師が心がけることは以下の通りです。

● できるだけ専門用語を使わずにポイントを絞って解説をすることで、難しい印象にならないようにする
● 講師である大月さんがいつでも気軽に相談できそうだという印象を与えられるよう、アイコンタクトや表情などにも気を遣う
● ケーススタディの解説の際には特に、「ここまで複雑になる前にぜひ人事部に早めに相談してください」と促す
● 参考資料のページに詳しい資料を入れておき、何かあったら資料でも確認できることを伝える

講師が発信する2つの電波は、以下のように発信します。

【運営方法】

○WII-FM：参加者にとってのメリットを発信する
　● 「部下からこんな質問をされて答えに困ったことはありませんか？」「この研修で学べば自信をもって対応できるようになります」という趣旨の案内文を事前に発信しておく
　● 問い合わせの多い内容について解説し、質疑応答の時間も設けるので、自分の疑問が解消できると感じてもらう

○MMFI-AM：参加者が自分の存在価値を感じられるような電波を発信する
　● クイズやカードワークで正解した人・グループに対しては、褒めて、自信をつけてもらうようにする
　● 間違えた人・グループが恥をかいたりしないよう、「大丈夫です。そう誤解している人は多いんですよ」などと言葉に配慮する
　● 発言に対してお礼を言う
　● 傾聴する

また、「モチベーション高く学んでもらうための11の方法」は、以下の
ようなかたちで運営することで、達成します。

【モチベーション高く学んでもらうための11の方法】

1. ニーズをつくり出す	●クイズやカードワークなどで、自分が知らないこと、あやふやなことに気づき、学ばなければという意識を高めてもらう
2. 自己責任を感じてもらう	●ペアワーク、グループワークなどが多いので、話し合ったり発表したりする役割がある
3. 興味をもたせ、維持する	●「90/20/8」の法則に基づいてデザインし、一方的な講義にならないようにしている
4. 実生活に当てはめることができるような経験を提供する	●自分の状況を振り返って活用場面を考えてもらう時間を設けている
5. 賞賛したり、励ましたり、認めたりする	●クイズやワークの際に、正解したら褒める（間違えても励ます）
6. 健全な競争を促進する	●穴埋めやケーススタディも正解したいという気持ちが働き、健全な競争という側面がある ●カードワークのチーム対抗
7. 講師自身がワクワクしている	●「皆さんに学んでもらいたい」という意欲を高めて当日に臨む ●アイコンタクトや表情、話し方でその意欲を表現する
8. 長期的な目的を設定する	●うまく活用すればマネジメントの良いツールになるという人事部長のメッセージで意識してもらう
9. 内面的なモチベーションの価値を理解する	●静かだったり発言が少なかったりしても、ネガティブに捉えず、あきらめずに全員を巻き込む
10. 対人関係を強化する	●ペアやグループでワークをしてもらう
11. 参加者に選択の自由を与える	●カードワークではどのカードから答えるかは自由 ●ケースを2つ用意し、どちらに取り組むかを選んでもらう ●ペアの相手、座席などは自由

【ステップ7】研修後のフォローアップ、効果測定をデザインする

　ステップ7では、研修後のプロセスを、次の３つの視点から企画します。

1. 継続的な学習と成長を支援する
2. 研修での学びを実践してもらうための工夫
3. 研修の評価・効果測定

　今回の研修では、以下のようにデザインしました。

◎**研修後のフォローアップ、効果測定のデザイン**

1. **継続的な学習と成長を支援する**
   - フォローアップメールを配信
   - クイズとその解説という形式で、週に1回のフォローアップメール
     を10回配信（内容は研修の復習だったり、参考資料を読むことを
     促す内容とする）

2. **研修での学びを実践してもらうための工夫**
   研修の最後に考えたアクションプランを上司に報告してもらう

3. **研修の評価・効果測定**
   〈評価・効果測定の手法、指標〉

レベル1（反応）	アンケート実施
レベル2（習得）	今回はテストは実施しない、不明点はないかを確認しながら検証する
レベル3（行動）	フォローアップメールの最終回10回めに、「実践する機会があったか」「疑問は生まれていないか」などのアンケートを含める
レベル4（成果）	基本的な知識不足による問題や問い合わせが減るか

Instructional Design Handbook　301

【ステップ8】 資料・会場を準備する

　最後に、資料や会場の準備を行います。
　今回のCASEでは、下記のものを準備することになります。

〈配布資料〉

重要項目	●オープニング：真実か伝説か ●パート・アルバイト・契約社員の雇用契約について：重要点のまとめ（空欄あり）と、空欄に入る言葉リスト ●パート・アルバイト・契約社員の雇用契約について：ケーススタディ2つ ●労働時間の管理や育児休暇、介護休暇、時短勤務についての問題20問
補足	●オープニング：真実か伝説か　解説 ●パート・アルバイト・契約社員の雇用契約について：ケーススタディ2つの模範解答 ●労働時間の管理や育児休暇、介護休暇、時短勤務についての問題20問の解説
参考資料	●雇用契約に関する法律や解説文 ●他社事例
その他	●目的・内容・目次 ●講師紹介 ●アクションプラン用のスペース ●ノート用のスペース

〈その他準備物〉
- 各グループに赤い札と緑の札
- 労働時間の管理や育児休暇、介護休暇、時短勤務についての問題20問のカード
- 人事部長のビデオメッセージ

〈スライド〉
- 「真実か伝説か」を1問ずつ投影
- 空欄に入る言葉（正解）を1つずつ投影

● ケーススタディの解説の際、ポイントを投影

〈会場・機材〉
● グループワークがしやすいように、5〜6名の島型
● パソコン、プロジェクター、スクリーン
● スピーカー（ビデオメッセージの音声を流す）

実践例② 抽象的なニーズに基づく研修

CASE2　対話型リーダーシップ研修

　次は、社長の年頭の挨拶がきっかけとなった「対話型リーダーシップ研修」です。
「トップと社員との対話、部下と上司との対話、など、一方的な伝達ではなく『対話』を通してお互いをより理解し合うことが大切」という社長の言葉で、「対話」が今年の人材開発のキーワードとなりました。
　この言葉をきっかけに、次のような研修デザインを作成しましたが、残念ながら効果はいまひとつだったというのは、1-2でレビューした通りです。

　こうした抽象的なニーズ、コンセプトを、どのようにすれば効果的な研修へと変えていけるでしょうか。8つのステップに沿って検討していきます。

Instructional Design Handbook　303

〈インストラクショナルデザイン失敗例〉

時間	トピック・内容	進め方
60分	リーダーシップとは ●リーダーシップの変遷 　～指示型から対話型へ ●リーダーシップスタイル自己分析	●さまざまなリーダーシップスタイルをその変遷とともに紹介 ●自己分析と共有
120分	対話型リーダーシップのコミュニケーションスキル ●傾聴 ●共感 ●問いかけ	●各スキルのポイントを解説し、ペアワークで体験練習を行う ●問いかけについては、問いの内容や質によって対話の質にどのような影響が出るかを解説し、ケースに応じた問いを考えるワークを行う
120分	対話型リーダーシップの実践 ●対話の場づくり ●対話を生むアプローチ ●「ワールドカフェ」体験	●対話を行う場づくりに必要なポイントを解説 ●ワールドカフェなど代表的な方法について特徴と進め方を紹介 ●ワールドカフェの体験ワーク
120分	実践計画 ●現状の課題討議 ●実践計画作成、発表	●「対話」について各職場における現状の課題を討議し発表 ●「対話」の場をつくるための実践計画を作成し、お互いに共有する

【ステップ1】ニーズを分析する

　今回は、社長の言葉が発端ですので、まずは社長の想いをヒアリングします。

　その後、現状の課題がどこにあるのか、何を目的・目標にするかを見定めるために、「送る人」にあたる部門長の中からキーパーソン3名に参加してもらい、ステークホルダーミーティングを開催します。ミーティングでは、従業員満足度調査の結果分析、社長の想いを形にするための目標・目的の設定に協力してもらいました。

「送られる人」である管理職には、ある程度研修の内容のイメージが固まった後に、どのトピックに興味があるかなどのニーズアンケートを実施し、内容の最終調整に活かします。

〈ニーズを分析する〉

調査対象	調査方法、内容	得られた情報
払う人 ＝社長	【ヒアリング】 今回の発言に至ったきっかけや想いを聞かせてもらう	●成功している企業はトップダウンではなく対話型リーダーシップであることを学んだ ●今後の自社の発展を考えた時に、現状のトップダウンの文化ではいけないと危機感をもっている
送る人 ＝部門長	【ステークホルダーミーティング】 従業員満足度調査の「上司」についての項目に関しての結果を分析し、研修の目的、内容について討議	●仕事のやりがい、自分が会社を通じて社会に貢献できている実感、自分が成長している実感などが重要課題であると合意 ●現状の企業文化は、自分たちも含めトップダウンが強い ●管理職としては必要な情報発信・共有は行っているつもりだが、受け取る従業員側は十分ではないと思っている人が多いのも課題 ●「対話型リーダーシップ」の意義には賛同するが、具体的にどうすれば良いかわからない管理職が多いと考えられるので、研修では具体的なスキルが習得できたほうが良い ●同時に、会社として企業文化を変化させるコミットが必要である
送られる人 ＝管理職	【アンケート】 「対話型リーダーシップ」からどんなことを連想するか、自分のリーダーシップスタイルはトップダウン型か対話型を意識しているか、意識しているとしたらどのようにかなどを記述してもらうアンケートを研修の案内と同時に送付し、事前回収	対話型リーダーシップは、大半の人が聞いたことはあるレベルで、自分のスタイルはどちらかというとトップダウン型。あまり意識したことはないが、これまでずっとそうだった、というものであった

Instructional Design Handbook　305

社長へのヒアリングと、ステークホルダーミーティングを受け、研修以外に、人事部として下記の取り組みを始めることにしました。

◎**研修以外の施策**
- ●従業員の満足度調査において、「仕事のやりがい、自分が会社を通じて社会に貢献できている実感、自分が成長している実感」などに該当する項目について、全社および各部門での目標とアクションプランを明確にする
- ●管理職の人事考課において、組織開発・人材開発に関してのウェイトを高めることとその具体的な方法を検討する

【ステップ2】参加者を分析する

対象者である管理職について4つの観点から分析します。

〈参加者の分析〉

知識	●「対話型リーダーシップ」というのは、ほとんどの人になじみがない言葉・コンセプト ●従来のトップダウンではうまくいかない、若い世代には通じないという経験知はあるが、ほかの方法は具体的には知らない
興味	●社長の年頭の言葉なのでそれなりの興味はある ●「新しいことを始めるのは面倒」というネガティブな印象もある
言語	●リーダーシップに関する専門用語、概念的な用語はほぼ知らない
影響力	●学んだ内容を職場で実践する権限はある

306

【ステップ3】目的を設定する

次の4つの領域で、研修の目的を考えます。

〈研修の目的〉

認知領域	●リーダーシップスタイルの変遷について知る ●対話型リーダーシップとは何か、そのメリットを知る ●リーダーシップスタイルについて自己認識する ●具体的な改善点と改善方法を知る
感情領域	●変わらなければいけない ●対話型リーダーシップを実践することで、より効果的なリーダーシップが発揮できそうだ
行動領域	●対話型リーダーシップのコミュニケーションが実践できるようになる ●うまくいかないことがあっても、あきらめずに継続していける
対人関係領域	●状況や相手に合わせて適切なスタイルを選択できるようになる

【ステップ4】オープニングとクロージングをデザインする

まずは、オープニングを検討します。所要時間は20分です。

時代の変化とともに、リーダーシップのスタイルも変化が必要であることを実感してもらい、「対話型リーダーシップ」の必要性を受け入れてもらう雰囲気づくりをします。

次に、クロージング案です。所要時間は30分です。

クロージングでは、学習した内容が、自分のアクションにつながることを具体的にイメージしてもらうために、個人でアクションプランを考えてもらう時間をつくります。

〈オープニング案（所要時間20分）〉

時間	内容	必要なもの
5分	【これ、知ってますか？】 20年〜30年前は広く普及していたけれども、今はもう存在しないものを7つ、スライドで見せる（例：ポケベル、バブルの頃の流行ファッション、など） ⬇ 時代の変化とともに、人のニーズが変わるので、流行も変わる。新しいテクノロジーによって進化する。では「リーダーシップは？」と問いかけ、研修のテーマを紹介 「リーダーシップも変化が必要であり、今日は今の時代に求められる新しいリーダーシップのあり方を考える」	スライド
15分	今日の目的と内容の紹介 講師自己紹介 グループ内自己紹介 ここ1〜2年以内に新しく始めた趣味、習慣、何かを学ぶことを自己紹介に含めてもらう （変化し続けること、学び続けること、新しいことに挑戦する大切さなどを感じてもらう）	配布資料

〈クロージング案（所要時間30分）〉

時間	内容	必要なもの
10分	【アクションプラン】 個人ワーク 「始めること・やめること・続けること」 今日の学びをもとに、新たに始めようと思うこと、やめようと思うこと、続けようと思うことを、それぞれ書き出し、グループでシェア	アクションプランを書くスペースを配布資料に入れておく
10分	【1ヶ月後の従業員食堂で】 ペアワーク ・上記アクションプランに書いたことを実践したら部下にどんなポジティブな変化が現れるかをイメージし、ペアワークでシェア ・1ヶ月後、今日の研修に参加していた人に従業員食堂で出会った際の会話を想像して行う （例）「その後どうですか？　対話していますか？」 →何を実践したらどんな反応が得られたか、想像力を働かせ、できるだけ具体的に語る（具体的にイメージして自分の言葉として発することで、実現性を高める）	記入スペース

| 10分 | 【今後のフォローアップについて】
・研修以外に人事部が取り組むことを予告として紹介
・各部門内で1ヶ月後にフォローアップを行うことを予告
・「従業員食堂での会話」で語ったことが、本当に実践報告
　できるよう取り組んでほしいと励まして終わる
【励ましメッセージ】
・隣同士ペアになる
・利き手とは逆の手で、ペアの相手に、励ましのメッセージを書く（例：○○さんへ　ぜひ部下との対話を楽しんでください。1ヶ月後を楽しみにしています。△△）
・お互いプレゼントする（慣れない手で書くのは難しい＝「これまでとは違うスタイルで部下と対話すると最初は違和感があるかもしれない、でも続けると慣れてくる」という体験） | メッセージカード |

【ステップ5】研修コンテンツを作成する

　1日（7時間）のうち、オープニングに20分とクロージングに30分使いますので、残りの約6時間のコンテンツを検討します。

　内容の詳細を考える前に、設定した目的を再確認しておきましょう。

　今回の研修の目的は次のページの通りでした。

　この目的を達成するためのコンテンツをブレインストーミングします。その結果、次の12のコンテンツが候補として検討できました。

　ここから、目的達成のために何が必要かを考え、絞り込んでいきます。

〈研修の目的〉

認知領域	●リーダーシップスタイルの変遷について知る ●対話型リーダーシップとは何か、そのメリットを知る ●リーダーシップスタイルについて自己認識する ●具体的な改善点と改善方法を知る
感情領域	●変わらなければいけない ●対話型リーダーシップを実践することで、より効果的なリーダーシップが発揮できそうだ
行動領域	●対話型リーダーシップのコミュニケーションが実践できるようになる ●うまくいかないことがあっても、あきらめずに継続していける
対人関係領域	●状況や相手に合わせて適切なスタイルを選択できるようになる

◎コンテンツ案

1. リーダーシップスタイルの変遷
2. 対話型リーダーシップとは何か、そのメリットは
3. 各職場におけるリーダーシップやコミュニケーションの現状の課題
4. 従業員満足度調査の結果
5. リーダーシップスタイルについての自己認識
6. リーダーシップについて個人の具体的な改善点と改善方法を知る
7. 対話型リーダーシップを発揮するためのコミュニケーションスキル（傾聴、共感、問いかけ、深堀り）
8. うまくいかなかった時の対策
9. 状況や相手に合わせて適切なスタイルを選択する
10. 対話型リーダーシップを発揮するための手法（AI、ワールドカフェなど）
11. 参考になる他社事例
12. 今後の実践計画

◎コンテンツを絞り込む

必要なコンテンツ：1、2、5、6、7、8、9、10、12
不要なコンテンツ：3、4、11

今回は新しいスタイルを学んで実践しようということなので、3の課題
の分析と対策は不要と判断しました。

4は、ニーズ分析においては重要なデータとなったものの、研修の場で
この結果を分析するのは目的から外れるし、結果公表と分析はほかの機会
で行っているので不要と考えました。

11は企画の際には参考になるものの、参加者にとって必要な情報では
ないので不要としました。

上記3つを省いた9つのコンテンツでデザインを進めます。

オープニングとクロージングの時間を除くと約6時間です。9つのコン
テンツを「90/20/8」の法則に当てはめていくために、まずざっくりと
90分の枠の中に、意味のあるまとまりで分けてみます。

時間	内容
90分 …①	1. リーダーシップスタイルの変遷 2. 対話型リーダーシップとは何か、そのメリットは 9. 状況や相手に合わせて適切なスタイルを選択する 5. リーダーシップスタイルについての自己認識
90分 …②	7. 対話型リーダーシップを発揮するためのコミュニケーションスキル（傾聴、共感、問いかけ、深堀り）
90分 …③	10. 対話型リーダーシップを発揮するための手法（AI、ワールドカフェなど）
90分 …④	6. リーダーシップについて個人の具体的な改善点と改善方法を知る 8. うまくいかなかった時の対策 12. 今後の実践計画

ではここから、90分のかたまりを詳しくデザインしていきます。

〈最初の90分間のコンテンツ例〉

時間	CSR	内容	必要なもの
20分		1．リーダーシップスタイルの変遷 「先ほど（オープニングの最後）触れたように、常に変化し続け新しい状況に適応していくことはとても大切です。世の中がどう変化したかを確認しましょう」 【年表ワーク】 1900年代初め頃から現在までの経済や世の中の大きな動向、マネジメントスタイルやリーダーシップスタイルの変遷を、簡単な年表にしておく。その年表の中のキーワードを10個ほど、空欄にしておく（例：大量生産の時代、高度経済成長期、バブル絶頂期、官僚型管理、XY理論、アメと鞭、など） 空欄に入る言葉をカードにしておく	年表と入るキーワードのカード
	S	グループワーク（7分） 各グループに年表と、キーワードのカードを配布。空欄に入る言葉を予測してもらう	
	C	解答・解説（8分） 時代背景に合ったマネジメント理論、リーダーシップ手法を大きな流れでイメージしてもらえるよう解説。詳細は補足ページに入れておく	配布資料の重要項目ページに年表の正解を入れる
	R	リビジット（5分） 「対話型リーダーシップ」がどのような時代背景にフィットしているかを自分の言葉で表現し、ペアで共有	補足ページに解説の詳細説明
20分		2．対話型リーダーシップとは何か、そのメリットトは 【分類表ワーク】 ＊表1 トップダウン型と対話型、それぞれの特徴、メリット、デメリットを分類できる表を用意。それぞれに入る項目を3つずつ挙げ、カードにしておく（例：意思決定が早い、メンバーの自主性が高められる、など）	配布資料 カード

	S	グループワーク（10分） ・どの枠にどのカードが入るかを考え、分類する ・各枠について、追加できることを1つずつ考える	
	C	解答・解説（8分） 各グループからの発表を受け解説	
	R	リビジット（2分） 上記の表を振り返り、重要だと感じる点、意外な点に印をつける	
20分		9．状況や相手に合わせて適切なスタイルを選択する 【スタイルの使い分けを検討】 状況を5つ用意しておく（例：「新規ビジネスの立ち上げに際し、ビジョンを作成」「チームワークを高めるためのワークショップをチーム全員で行う」、など）	配布資料にケース5つ
	S	グループワーク（8分） 書かれた状況において、どんなスタイルが適しているのか、相手によって使い分けが必要だとしたら、どんな相手にはどんなスタイルが適しているかを考える。5つを各グループ1つか2つずつ、分担して進める	
	CS	解答・解説（10分） 発表を受け、解説する	
	R	リビジット（2分） 自分自身のリーダーシップを振り返り、スタイルの選択は合っているか、異なる選択が必要だった場面はなかったかを考察する	
10分	S	5．リーダーシップスタイルについての自己認識 ディスカッション（8分） 上記のリビジットで考察した内容を、3人グループをつくり、ディスカッションする	
	R	個人ワーク（クロージング・2分） 今後のアクションを考察し、書き出す	

＊表1：分類表ワーク

	トップダウン型	対話型
特徴		
メリット		
デメリット		

　ここまでで70分になりました。オープニングの20分とつなげて90分ですので、ここで10分〜15分間の休憩を入れます。

　続いて、2つめのかたまりです。

〈②2つめの90分間のコンテンツ例〉

時間	CSR	内容	必要なもの
20分	C S	7．対話型リーダーシップを発揮するためのコミュニケーションスキル **講義（4分）** 対話型リーダーシップをするために必要なスキルとして、基本のコミュニケーションスキル（傾聴、共感、問いかけ、深堀り）をこれから練習していくことを解説（傾聴と共感のポイントが書かれているページから、重要点のみを簡単に解説） **「傾聴・共感」のペアワーク（6分）** 「趣味」「最近はまっていること」について話をし、相手は「傾聴・共感」をする ⬇	配布資料

314

	S	グループディスカッション（4分） 先ほどのペアワークでは問題なくできる傾聴・共感が、現実の業務の場ではできないことがあるとしたら、「どんな場面、相手なのか？」「その場合どうやって傾聴・共感すれば良いのか？」を話し合う	
	C	発表＋講師からのコメント（4分） 発表を受けて、必要に応じてコメント、解説する	
	R	リビジット（2分） 今後自分のパターンを意識して変えようと思う場面、相手を書き出しておく	
20分	S	「問いかけ」のペアワーク（4分） 個人で、好きな果物をひとつ特定する（言わない）。ペアで、クローズドクエスチョンのみで1人が相手の好きな果物を当てられるか会話する 2回目は役割を交代し、オープンクエスチョンも使いながら、相手の好きな果物が当てられるか会話する	配布資料
	C	講義（8分） オープンクエスチョンとクローズドクエスチョンの使い分け、話しやすい問いかけ、話しにくい問いかけ、などのポイントを解説、さまざまな問いかけ方の例を紹介	
	S	個人ワーク（4分） 相手と状況をイメージして、どんな問いかけをしてみるかを書き出す	
	R	ペアワーク（4分） 共有	
20分	C	「深堀り」について講義（8分） 問いかけに対しての返答をどう受け止め、どう深堀りするか、方法や質問のバリエーションを紹介	配布資料
	S	グループワーク（5分） 「問いかけ→返答」が書かれたシナリオの続き（深堀りの質問）を考える	

	S	発表・解説（6分）	
	R	⬇️ リビジット（1分） 覚えておきたいパターンに印をつける	
20分	SR	【スキル練習】（15分） 個人ワーク 対話をしたい相手と状況を設定する どのような問いかけをするかを考える	
	S	⬇️ ペアワーク ペアもしくは3人で用意した問いかけを部下役に 問いかけ、答えてもらう	
	C	⬇️ 問いかけの質が良いかを検証する	
	R	⬇️ リビジット（クロージング・5分） 今後の実践イメージを具体化して書き出す	
10分	R	【収穫ベスト3】（10分） 午前中に得た学び、気づきから、自分にとっての 「収穫ベスト3」を書き出し、周りの人と共有する	付箋

ここで昼休みです。午後は、3つめのかたまりからはじめます。

〈③3つめの90分間のコンテンツ例〉

時間	CSR	内容	必要なもの
80分	CS	10. 対話型リーダーシップを発揮するための手法 【ワールドカフェ体験】（40分） 「メンバーが自由に発言しやすい職場にするため に」というテーマでワールドカフェを体験。講師 がファシリテーターとなり、実際にワールドカフ ェの手法を用いて話し合いを行う	
	R	⬇️ リフレクション（10分） グループディスカッション。体験したプロセスを 思い出し、プロセスとして良かった点をリストア ップ ⬇️	

	CS	発表・解説（10分） 発表を受け、ワールドカフェの進め方、ポイントやコツを解説	
	C	【そのほかの手法】（10分） AIなどの手法についての紹介ページ（補足資料）に目を通し、ペアでポイントを確認	配布資料の補足ページに解説
	R	リビジット（クロージング・10分） ここまでを振り返り、活用場面を考える	

ここまでで80分ですので、10分〜15分の休憩を入れます。
最後の90分間のかたまりを検討します。

〈④最後の90分間のコンテンツ案〉

時間	CSR	内容	必要なもの
30分	S	6．リーダーシップについての個人の具体的な改善点と改善方法を知る 【個人ワーク】（15分） ワークシート（＊表2）に例のように書き出して、自己分析をする	配布資料
	R	3人で共有（15分）	
40分	S	8．うまくいかなかった時の対策 【グループワーク】（8分） 対話を行っていこうとした際、想定される障害を考えてリストアップする	ホワイトボード
	S	リストアップした中から、障害として大きそうなものを2つ選ぶ（2分）	
	S	その2つに対する対策を考える（10分）	
	CS	発表・ディスカッション・解説（20分）	

20分	S	12. 今後の実践計画 【個人ワーク】（10分） 表2のワークシート、うまくいかなかった時の対策を振り返り、今後の実践計画を作成する ⬇ 3人で共有（10分）	配布資料
	R		

＊表2：ワークシート（記入例）

相手	状況	これまでのスタイル	これから
（例） Aさん	1：1 進捗報告	報告を聞いて、課題に対してはアドバイスをする	報告を聞いた後、問いかけをしてAさん自身に考えさせ、対話をする。 具体的には…
（例） Aさん、Bさん、Cさん	定例会議	それぞれが報告をする	テーマを設定して皆で考える方法に変更する。次回はまず…

ここまでで90分です。

10分～15分の休憩を入れたのちに、クロージングに進みます。

【ステップ6】研修の運営方法を検討する

この研修における感情領域の目的は下記の2点でした。

● 変わらなければいけない
● 対話型リーダーシップを実践することで、より効果的なリーダーシップが発揮できそうだ

参加者の中には、「社長の年頭の言葉なのでそれなりの興味はある」「新しいことを始めるのは面倒、というネガティブな印象もある」というレベルの興味の人が多いであろうことが予測できます。そのため、内容がある程度決まった時点で、参加者である管理職に対して、研修の案内を送ると同時に、アンケート（ステップ2参照）を行い、研修に対しての意識づけを図るといいでしょう。

　また、講師が心がけることは以下の通りです。

● 時代背景を理解してもらうことで必要な変化なのだと納得してもらう
● これまで部下との対話がうまくいっていなかった場面を思い出してもらい、「それはなぜなのか」「どうすれば良いのか」を自分で見つけてもらう

　講師が発信する2つの電波は、以下のように発信します。

◎ **運営方法**

○ WII-FM：参加者にとってのメリットを発信する

● 「部下の主体性を引き出し、もっと成果を出させるようなリーダーシップが学べます」「この研修で学べば自信をもって対応できるようになります」という趣旨の案内文を事前に発信しておき、当日も一貫性をもってそのメッセージを発信する

○ MMFI-AM：参加者が自分の存在価値を感じられるように電波を発信する

● これまでの方法やトップダウンを否定するような発言はせず、「ほかのオプションがある」「ほかの方法（対話型）の方が成果が出るからやってみましょう」と励まし続ける

● これまでのやり方が間違っていたと発言する人がいても、「大丈夫です。同じように考えていた人は多いです」「今日から変われば成果が出ます」などと言葉に配慮する

● できていないことがあっても「完璧な人はいない」と励ます

- 発言に対してお礼を言う
- 傾聴する

　また、「モチベーション高く学んでもらうための11の方法」は、以下のような形で運営することで、達成します。

〈モチベーション高く学んでもらうための11の方法〉

1．ニーズをつくり出す	●時代背景などから必要のある変化だと受け止めてもらう ●自己分析を通じて、変化の必要性を実感してもらう
2．自己責任を感じてもらう	●ペアワーク、グループワークなどが多いので、話し合ったり発表したりする役割がある
3．興味をもたせ、維持する	●基本的にEATの流れで、かつ90/20/8の法則に基づいてデザインし一方的な講義にならないようにしている
4．実生活に当てはめることができるような経験を提供する	●自分の状況を振り返って活用場面を考えてもらったり、自己分析の時間を設けたりしている
5．賞賛したり、励ましたり、認めたりする	●ワークの際に発表に対してポジティブなコメントを返す ●発言に対してお礼を言う、認める
6．健全な競争を促進する	●ワークやスキル練習もうまくやりたい、時間内に終わらせたい気持ちが働き、健全な競争という側面あり
7．講師自身がワクワクしている	●皆さんに学んでもらいたいという意欲を高めて当日に臨む ●否定的な人がいてもあきらめずにポジティブに対応するイメージトレーニングをしておく ●アイコンタクトや表情、話し方でその意欲を表現する
8．長期的な目的を設定する	●自己分析の結果をもとに、いろいろな相手や場面にどう対応していくかの目標意識をもってもらう

9. 内面的なモチベーションの価値を理解する	● 研修に対してあまり興味がなかったりネガティブなイメージをもっている人もいると予想できるため、最初は警戒していたり、冷めていたりしても、引っ張られずに前向きになってもらうよう対応する
10. 対人関係を強化する	● ペアやグループでワークをしてもらう
11. 参加者に選択の自由を与える	● 実践計画は個人の選択の範囲が広い ● ペアの相手、座席などは自由

【ステップ7】研修後のフォローアップ、効果測定をデザインする

研修後のプロセスを次の3つの観点から企画します。

1. 継続的な学習と成長を支援する
2. 研修での学びを実践してもらうための工夫
3. 研修の評価・効果測定

今回の研修では、以下のようにデザインしました。

◎**研修後のフォローアップ、効果測定をデザインする**

　1. 継続的な学習と成長を支援する
　　 研修終了時に、参考資料として推薦図書をプレゼントする

　2. 研修での学びを実践してもらうための工夫
　・各部門内で1ヶ月後にフォローアップを行う
　・1ヶ月後のフォローアップに上司のコメントをもらう（もしくは、
　　上司もフォローアップにオブザーバーとして参加する）

Instructional Design Handbook　321

3. 研修の評価・効果測定

〈評価・効果測定の手法、指標〉

レベル1（反応）	アンケートを実施
レベル2（習得）	今回はテストは実施しない、実践計画の質・内容で検証する
レベル3（行動）	1ヶ月後に各部門内でフォローアップを行う際に、実践度合いをヒアリングする
レベル4（成果）	従業員満足度調査の結果

【ステップ8】資料・会場を準備する

　最後に、資料や会場の準備を行います。
　今回のCASEでは、下記のものを準備することになります。

〈配布資料〉

重要項目	●講義内容は基本的にすべて配布資料の重要項目ページに入れておく
補足	●年表ワークの詳細説明 ●AIなどさまざまな手法の説明
参考資料	●参考図書リスト
その他	●目的・内容・目次 ●講師紹介 ●アクションプラン用のスペース ●ノート用のスペース

〈スライド〉

●講義内容はスライドを用意

〈その他〉
- ●年表と空欄に入れる言葉のカード
- ●分類表ワークのカード
- ●模造紙など大きな紙を数枚　（ワールドカフェ用）
- ●付箋

〈会場・機材〉
- ●グループワークがしやすいように、5〜6名の島型
- ●パソコン、プロジェクター、スクリーン
- ●スピーカー（音楽やタイマー用）
- ●ホワイトボード（各グループに1台）

実践例③　課題解決型の研修

CASE3　接客スキル研修

　最後は、森本さんのアルバイトスタッフ向けの接客スキル研修です。

　お客さまからのご指摘を受けてのアルバイトスタッフ全員の接客マナー向上のための研修企画でした。

　下記のような研修をデザインしましたが、アルバイト歴が短い参加者は緊張が解けない一方、アルバイト歴が長い参加者からは反発が出て、結果は芳しいものではありませんでした。

　このCASEはどのように改善できるのか、8つのステップに沿って検討します。

〈インストラクショナルデザイン　失敗例〉

時間	トピック・内容	進め方
30分	**第一印象** ●第一印象の大切さ ●身だしなみ	●第一印象がビジネスに与える影響の大切さを解説。ほんの数秒で決まると言われている第一印象を良くするためのポイントを確認 ●その場で身だしなみチェック実施
30分	**好印象につながる挨拶** ●姿勢やお辞儀 ●挨拶の言葉	●基本の姿勢やお辞儀のポイントを再確認し、実践練習 ●挨拶の言葉の発声練習
30分	**言葉遣い** ●敬語の再確認 ●よく間違える言葉遣い	●敬語の基本知識の復習 ●よく間違える使い方と正しい使い方を確認

【ステップ1】ニーズを分析する

　アルバイトスタッフの接客マナー向上について、まずはニーズ分析を行います。講師の森本さんは、送られる人、送る人、払う人に関する調査のひとつとして、お客さまからのフィードバックを分析することにしました。

〈ニーズ分析〉

調査対象	調査方法、内容	得られた情報
送られる人 ＝アルバイト スタッフ	【観察】 主要店舗に出向いて、実際の 接客の様子を観察した	●全体的には良い接客ができている ●おおむねスムーズに業務が進んで いるので、特に問題意識はない
送る人 ＝上司	【ヒアリング】 主要店舗に出向いて観察する 際に、上司にヒアリングを行 い、接客マナーについての課 題を聞かせてもらった	要約すると以下の傾向がある ●おおむね満足できるレベルの接客 をしてくれている ●忙しい時に笑顔がなくなったり、 対応が事務的になったりしている ので注意している ●新人より経験の長い人のほうが事 務的になりやすい傾向がある
払う人 ＝会社	【データ分析】 お客さまアンケートのデータ をあらためて分析した	●全体的にはお客さま満足度は高く、 会社として設定しているレベルに 達している ●クレームで多いものは、1.商品に 対するクレーム（不良品など）、2. 待ち時間が長い、3.接客が事務 的、冷たい

得られた情報を分析すると、以下に要約されます。

●全体的にはお客さま満足度は高いため、課題認識ができていない可能性
が高い。お客さまからどう見えているか、どんなご意見をいただいてい
るかを知ってもらう必要がある
●事務的だったり冷たい印象の接客になってしまうことがあるのが改善点
●商品に対するクレームや、待ち時間は研修では解決できない課題なので、
研修以外の方法で取り組む

Instructional Design Handbook 325

【ステップ2】 参加者を分析する

今回の対象者であるアルバイトスタッフにはどんな人がいるでしょうか。「知識」「興味」「言語」「影響力」の4つの観点から分析してみます。

知識	●一通りのことは学んでから業務を開始しているので、基本的な知識は身についている ●経験の長いスタッフと新しいスタッフとでは経験値に差がある ●お客さまアンケートやどんなクレームをいただいているかは、知っている人もいるが知らない人が多い
興味	●課題認識していないため、「とても興味がある」という人は少ないだろう ●接客スキル研修と聞くと、「厳しい」「叱られる」というネガティブなイメージをもっている人が多いだろう
言語	●業務上使用する専門用語は通じる
影響力	●学んだ内容を職場で実践する権限はある

【ステップ3】 目的を設定する

次は、研修の目的を設定します。研修の目的は、4つの領域について考えます。

〈研修の目的〉

認知領域	●お客さまアンケートの結果やお客さまからのクレームなど、お客さまからの声を知る ●現状の強みと課題を認識する ●具体的な改善点と改善方法を知る
感情領域	●今の接客に自信がもてる ●さらに良くしたいと思う ●もっと好印象な接客ができると仕事がもっと楽しくなる
行動領域	●忙しい時でも好印象の接客ができる
対人関係領域	●どんなお客さまに対しても好印象の接客ができる

【ステップ４】 オープニングとクロージングをデザインする

　まずは、オープニングです。

　参加者分析で考えたように、「基本的なことはできている」「大きな課題はない」と認識している人が多いと予測できます。お客さまからのご指摘なども情報として伝えたい一方で、オープニングからネガティブになることは避けたいです。

　接客スキル研修に対してネガティブなイメージをもっている人も多そうなので、好奇心をもってもらえそうな楽しいワークから始めたいと思います。

〈オープニング案（所要時間10分）〉

時間	内容	必要なもの
5分	【お客さまからの声紹介】 お客さまアンケートでいただいているお褒めの言葉を紹介 ⬇ 日頃の皆さんの努力でこんなに素晴らしいお声をいただいている、と伝え、褒める 一方で少し残念なお声やクレームをいただくことがあるのも事実なので、そのことについて考えましょう、と前置きして毛糸を配る 【毛糸を使ったワーク】 ・２人で毛糸の両端を持ってもらう ・合図で、２人が両端から毛糸を引っ張り合う ・力を加えると、入れてある切れ目のところから、毛糸が切れる ⬇ 毛糸に切れ目が入っていたことを伝える。弱い箇所があると、そこから毛糸が切れてしまう 「このように全体的にはすばらしい接客ができていても、何か少しマイナスがあると、お客さまの印象も全体的にダウンしてしまう。全体的にはご満足いただいているので、そこには自信をもち、弱い部分がどこかを知り、強化してもっと楽しく仕事ができるようにしましょう」としめくくる	スライド 途中１ヶ所少しだけ切れ目を入れた30cmくらいの毛糸を各グループに１本
5分	今日の目的と内容の紹介 講師自己紹介 グループ内自己紹介	

Instructional Design Handbook　327

続いてクロージングです。

今日学んだ内容が、自分のアクションにつながることを具体的にイメージしてもらうために、個人でアクションプランを考えてもらう時間をつくります。また、ポジティブな印象で終えるために、お客さまからの前向きなコメントを紹介することにしました。

〈**クロージング案**（所要時間10分）〉

時間	内容	必要なもの
7分	【アクションプラン】 個人ワーク：「始めること・やめること・続けること」 今日の学びをもとに、新たに始めようと思うこと、やめようと思うこと、続けようと思うことを、それぞれ書き出す ⬇ グループでシェア	アクションプランを書くスペースを配布資料に入れておく
3分	【お客さまからの声】 オープニングで紹介したものとは別の、お褒めの言葉を紹介する ⬇ 「今日の学びを実践すると、きっとこんなお客さまが増えるので、実践しましょう」と励まして終わる	

【ステップ5】研修コンテンツを作成する

90分のうち、オープニングとクロージングに各10分使いますので、残りの70分をデザインしていきます。

コンテンツの詳細を考える前に、設定した目的を再確認しておきましょう。

今回の研修の目的は次の通りでした。

〈研修の目的〉

認知領域	●お客さまアンケートの結果やお客さまからのクレームなど、お客さまからの声を知る ●現状の強みと課題を認識する ●具体的な改善点と改善方法を知る
感情領域	●今の接客に自信がもてる ●さらに良くしたいと思う ●もっと好印象な接客ができると仕事がもっと楽しくなる
行動領域	●忙しい時でも好印象の接客ができる
対人関係領域	●どんなお客さまに対しても好印象の接客ができる

この目的を達成するためのコンテンツをブレインストーミングします。
その結果、下記の10のコンテンツが候補として挙げられました。
ここから、目的達成のために何が必要かを考え、絞り込みます。

【コンテンツ案】

1. お客さまアンケートの結果（数値、傾向）
2. お客さまからのお褒めのお言葉
3. クレームの内容、傾向
4. クレーム対応の方法とコツ
5. 好印象な接客のポイント
6. 接客マナーのよくある間違いと正しい方法
7. 顧客心理と購買行動について
8. お客さまから高い評価を受けている他社事例
9. 事務的・冷たく見える接客とは？
10. 自己分析（良い接客ができる時・できない時、苦手なお客さまなど）

【コンテンツを絞り込む】

必要なコンテンツ：1、2、3、5、9、10
不要なコンテンツ：4、6、7、8

４のクレーム対応は今回の研修の目的ではないので、不要。

　６、７、８は一般的な知識としては知っておいても良いかもしれませんが、今回は具体的な課題に対しての改善を目的としているので省きます。

　絞り込んだ以下の６つのトピックのうち、「お客さまからのお褒めの言葉」は、オープニングとクロージングで紹介しますので、残る５つを下記のようにデザインしました。

〈コンテンツ案〉

時間	CSR	内容	必要なもの
15分	S C S C R	１．お客さまアンケートの結果 【アンケート結果を予測】 お客さまからのアンケート結果のサマリーについて、答えを３択で予想するクイズ５問 ペアワーク（２分） アンケート結果の数値を予測してもらう ⬇ 解答・解説（５分） ⬇ ペアワーク（２分） クレームのトップ３を予想 ⬇ 解答・解説（４分） ⬇ リビジット（２分） アンケートの結果とクレームのトップ３について自分の店舗の現状と比較して考察しペアで共有	配布資料（数値が空欄になっていて、選択肢が書かれている）とスライド
20分	CS	５．好印象な接客、９．冷たく見える接客① 【経験共有】 グループリーダーを決め「B（Best）」か「W（Worst）」をリーダーが選ぶ ⬇ グループディスカッション（５分） 「B」、「W」について、これまで自分が客の立場で受けた接客で印象に残っていることを共有（２チームに分けてBのチームは良かった接客、Wのチームは良くなかった接客について共有する）	

330

	CS	**発表**（5分） 各グループからの発表	
	C	**講義：好印象な接客・冷たく見える接客**（8分） お客さまアンケートや店舗でのヒアリングや観察から、どのような接客が好印象か、逆に事務的だったり冷たく見えたりするのはどういう接客かを、先ほどの発表内容に関連づけながら解説	講義内容の配布資料とスライド
	R	**リビジット**（2分） 「好印象な接客」で自分自身はできていると思うこと、「事務的・冷たく見える接客」で自分もやってしまっていると思うことに印をつける	
20分	CS	**5．好印象な接客、9．冷たく見える接客②** 【自己分析】 **分析・共有**（6分） 上記で印をつけた内容を共有する。さらに、「事務的・冷たく見える接客」について、自分の「傾向」があるかを考察（例：時間帯、忙しさ、お客さまのタイプ）	講義内容の配布資料とスライド
	C	**講義**（7分） 好印象にするコツ、事務的・冷たく見える接客にしないためのコツを解説	
	S	**自己分析**（4分） 考察した自分の傾向に対して講義内容から対策として使えそう・使いたいことを考えて書き出す	
	R	**リビジット**（3分） ペアで共有	
15分	CS	さまざまなケースを検討 【ケーススタディ】 事務的な対応になりがちなケースを3つ用意する **グループディスカッション**（3分） 各グループで分担して、どう対応するかを考える	ケース3つ
	CS	**発表、解説・コメント**（9分）	
	R	**リビジット**（3分） 大事だと思った点を個人で書き留める	

Instructional Design Handbook 331

【ステップ6】研修の運営方法を検討する

　接客マナー研修に対して、ネガティブなイメージをもっている人が多いであろうことが予測されます。そのような中で次の3つの感情領域の目的を達成するために、参加者とどう関わるか、ファシリテーションを進めながらどんなメッセージを発信するかを計画します。

● 今の接客に自信がもてる
● さらに良くしたいと思う
● もっと好印象な接客ができると仕事がもっと楽しくなる

　また、講師が心がけることは以下の通りです。

● 講師に対してポジティブな印象をもってもらえるよう、アイコンタクトや表情などにも気を遣う
● 現状が「ダメ」なわけではなく、さらに良くするための研修であるということを強調する

　講師が発信する2つの電波は以下のように発信します。

◎運営方法

○WII-FM：参加者にとってのメリットを発信する
　●「接客スキルのレベルアップをしてもっとお客さまに喜んでもらえるコツが学べます」「この研修で学べば自信をもって対応できるようになります」という趣旨の案内文を事前に発信しておき、当日も一貫性をもってそのメッセージを発信する

○MMFI-AM：参加者が自分の存在価値を感じられるような電波を発信する
　●クイズで正解した人・グループに対しては、褒めて、自信をつけ

てもらうようにする

- 間違えた人・グループが恥をかいたりしないよう、「大丈夫です。そう誤解している人は多いんですよ」などと言葉に配慮する
- できていないことがあっても、「完璧な人はいない」と励ます
- 発言に対してお礼を言う
- 傾聴する

続いて、「モチベーション高く学んでもらうための11の方法」については、以下のように運営することで、達成します。

〈モチベーション高く学んでもらうための11の方法〉

1．ニーズをつくり出す	●お客さまアンケートやお客さまの声を紹介することで、学ぶ必要性を感じてもらう
2．自己責任を感じてもらう	●ペアワーク、グループワークなどが多いので、話し合ったり発表したりする役割がある
3．興味をもたせ、維持する	●基本的にEATの流れ、かつ「90/20/8」の法則に基づいてデザインし一方的な講義にならないようにしている
4．実生活に当てはめることができるような経験を提供する	●自分の状況を振り返って活用場面を考えてもらったり、自己分析の時間を設けていたりしている
5．賞賛したり、励ましたり、認めたりする	●クイズやワークの際に、正解したら褒める。間違えても励ます ●発言に対してお礼を言う、認める
6．健全な競争を促進する	●クイズやケーススタディも正解したいという気持ちが働き、健全な競争という側面がある
7．講師自身がワクワクしている	●皆さんに学んでもらいたいという意欲を高めて当日に臨む ●アイコンタクトや表情、話し方でその意欲を表現する
8．長期的な目的を設定する	●自己分析の結果をもとに、苦手な場面やお客さまにどう対応していくかの目標意識をもってもらう

Instructional Design Handbook 333

9.	内面的なモチベーションの価値を理解する	●研修に対してネガティブなイメージをもっている人が多いと予想できるため、最初は警戒していたり、自信がなさそうだったりしても、あきらめずに前向きになってもらうよう対応する
10.	対人関係を強化する	●ペアやグループでワークしてもらう
11.	参加者に選択の自由を与える	●BかWを選ぶ ●ケースを3つ用意しどれに取り組むか選んでもらう ●ペアの相手、座席などは自由

【ステップ7】研修後のフォローアップ、効果測定をデザインする

　研修後のプロセスは次の3つの観点から企画します。

1．継続的な学習と成長を支援する
2．研修での学びを実践してもらうための工夫
3．研修の評価・効果測定

　今回の研修では、以下のようにデザインしました。

◎**研修後のフォローアップ、効果測定をデザインする**
　1．継続的な学習と成長を支援する
　　・クロージングで書いた内容を、各店舗のマネジャーに報告してもらう
　　・マネジャーから励ましの言葉をかけてもらうよう依頼する

　2．研修での学びを実践してもらうための工夫
　　1ヶ月後に再び店舗に訪問して観察とヒアリングを行うことを予告しておく

３．研修の評価・効果測定

〈評価・効果測定の手法、指標〉

レベル１　（反応）	アンケート実施
レベル２　（習得）	今回はテストは実施しない。不明点はないかを確認しながら検証する
レベル３　（行動）	１ヶ月後に再度店舗を訪問し、観察とヒアリングを行う
レベル４　（成果）	お客さまアンケートとクレーム報告

【ステップ８】　資料・会場を準備する

　最後に資料や会場の準備を行います。

　今回のCASEでは、下記のものを準備することになります。

〈配布資料〉

重要項目	●講義内容は基本的にすべて配布資料の重要項目ページに入れておく ●アンケート結果は答えを予測する選択肢を記載しておく
補足	●接客マナーに関して、言葉遣い、立ち居振る舞い、など基本的かつ一般的な内容
参考資料	●研修で紹介しない部分を掲載
その他	●目的・内容・目次 ●講師紹介 ●アクションプラン用のスペース ●ノート用のスペース

〈スライド〉

●講義内容はスライドを用意

〈その他〉
- ●切れ目の入った毛糸

〈会場・機材〉
- ●グループワークがしやすいように、5～6名の島型
- ●パソコン、プロジェクター、スクリーン
- ●スピーカー（音楽やタイマー用）

Column

アクティビティの時間設定が短い理由

　ご紹介しているインストラクショナルデザイン例は、皆さんが普段、実施（または参加）している研修の進行に比べると、1つひとつのアクティビティの時間設定が短いと感じる方もいらっしゃるかもしれません。意図的に短く設定しているのですが、理由は大きく2つあります。

　まずは、短い時間設定をすると、その心づもりで取り組むため、優先順位の高いところに集中し、効率良く進めることができるようになります。たとえば、「これを10分で進めてください」と言われるのと「制限時間は4分です」と言われるのでは、取り組む姿勢が変わるのではないでしょうか。

　もうひとつの理由は、ロシア人の心理学者ブリューマ・ゼイガルニクによると、完了したアクティビティより、未完了のもののほうが、記憶に残りやすいというため、「もう少し話したい」くらいの時点で終了するような設定にしています。もちろん消化不良になってはいけないのですが、グループディスカッション後の全体への共有やほかの人・グループからの発表を聞いたりすることで、満たされるようにします。全チームがすべて話しつくした後の発表には新鮮な情報があまりありませんので、モチベーション維持にも貢献します。

　とはいえ、時には時間をかけて徹底的に深めることが必要なこともありますので、メリハリをつけるようにします。

・・・・おわりに・・・・・・・・・・・・・・・・・・・・・・・・・・・

　さて皆さんは本書の最後までたどり着かれました。

　ですが、これで終わりではなく、むしろここがスタートです。本を読むことで満足するのではなく、皆さんが行う研修のデザインとデリバリーが、「平均的」「普通」なものから「素晴らしい」ものへ変貌するために、本書で学んだことを実践することこそが意味があることなのです。

　本書の冒頭で、研修はイベントではなくプロセスであるという考えをご紹介しました。そして、研修を行うことの目的は、結果を出すことです。

　世の中には、抜きんでた話術や才能をもっている講師もいて、そうした講師はお粗末なデザインの研修でも何とか良い研修にすることができます。ですが、素晴らしいデザインで用意された研修であれば、デリバリーはごく一般的な講師でも素晴らしい成果を出すことが可能なのです。

　どうしてそのようなことが可能なのでしょうか。

　それは、デザインにしてもデリバリーにしても、とにかく研修参加者に焦点を当てることによって可能になります。

　私はいつもデザインもデリバリーも大切にしていますが、どんな場合でも、研修参加者が素晴らしい講師に圧倒されて研修を終了するのではなく、参加者自身が自分の成長や可能性にワクワクして研修を終了するように心がけています。参加者自身が、研修前には知らなかった知識を得て、研修前にはできなかったことができるようになり、そして大きな自信をもって研修会場を後にすることができるようになることが大切なのです。

　私たち講師の役割は、優れたデザインとデリバリーを通して、参加者を元気づけ、インスパイアーし、知識やスキルの習得をサポートすることです。世界中5つの大陸で15万人以上がこの手法を学び、実践することで、価値を提供し、違いを生んでいます。

　日本では中村が、講師や教員の皆さんがこの講師主導で参加者主体の手法を使って研修や授業のデザインとデリバリーを実践することを支援し、素晴らしい成果を出しています。私も数回来日する機会があり、中村と仕

事をしましたが、彼女の、クライアントや参加者に対する熱心な姿勢には
いつも感心させられました。これでこそマスタートレーナーです。

　また来日して皆さんにお会いできる機会があることを楽しみにしていま
す。

2018年4月15日　ボブ・パイク

　前作『講師・インストラクターハンドブック』から1年余りで、本書を皆
さまにお届けする機会をいただけましたことを、心から感謝申し上げます。
　前回に引き続き、鋭く温かいフィードバックで励まし続け、素材を本と
して仕上げてくださった、日本能率協会マネジメントセンターの柏原里美
さん、今回も本当にありがとうございました。そしてこちらも前作に続き
魅力的かつ読みやすいデザインにしてくださった、デザイナーの玉村幸子
さん、ありがとうございます。また、原稿を読み、読者目線での貴重なフ
ィードバックをくださった、梅原千草さんにもお礼を申し上げます。あり
がとうございました。また、前作の感想を聞かせてくださったり、この手
法を学び、実践し、違いを生んで成果を出してくださったりしている講
師・教員の皆さま、本当にいつもありがとうございます。今回の本もお役
に立てるよう願っております。そして、いつも変わらず理解と信頼を示し
てくれるボブに、心からの感謝を送ります。ボブと出会えたことは、私の
人生において、大きな宝です。
　最後に、いつも見守り励まし続けてくれる家族（夫と犬たち）に心から
感謝の気持ちを伝えたいと思います。原稿執筆が煮詰まった時、お散歩に
つきあってくれてありがとう！

2018年4月15日　中村文子

参考文献

- 『アクション・ラーニング』（デービッド・A.ガービン著、沢崎冬日翻訳、ダイヤモンド社）
- 『クリエイティブ・トレーニング・テクニック・ハンドブック』（ロバート・パイク著、中村文子監訳、藤原るみ翻訳、日本能率協会マネジメントセンター）
- 『研修開発入門〜会社で「教える」、競争優位を「つくる」』（中原淳著、ダイヤモンド社）
- 『研修講師養成講座』（真田茂人著、中央経済社）
- 『研修効果測定の基本〜エバリュエーションの詳細マニュアル〜（ASTDグローバルベーシックシリーズ）』（ドナルド・マケイン著、霜山元翻訳、ヒューマンバリュー）
- 『研修設計マニュアル〜人材育成のためのインストラクショナルデザイン〜』（鈴木克明著、北大路書房）
- 『研修プログラム開発の基本 〜トレーニングのデザインからデリバリーまで〜（ASTDグローバルベーシックシリーズ）』（サウル・カーライナー著、下山博志監修他、ヒューマンバリュー）
- 『講師・インストラクターハンドブック』（中村文子、ボブ・パイク著、日本能率協会マネジメントセンター）
- 『コンピテンシーを活用したトレーニングの基本〜効率的な事業運営に役立つ研修開発の実践ガイド〜（ATD/ASTDグローバルベーシックシリーズ）』（ウィリアム・ロスウェル／ジェームズ・グラバー著、平田謙次監修他、ニューマンバリュー）
- 『すべてはあなたが選択している』（ウィル・シュッツ著、翔泳社）
- 『組織・人材開発を促進する教育研修ファシリテーター』（堀公俊／加留部貴行著、日本経済新聞出版社）
- 『組織における成人学習の基本〜成人の特徴を理解し、主体的な学習を支援する〜（ATD/ASTDグローバルベーシックシリーズ）』（ウィリアム・ロスウェル著、嶋村伸明翻訳、ヒューマンバリュー）
- 『ブレイン・ルール』（ジョン・メディナ著、小野木明恵翻訳、日本放送出版協会）
- 『プロ研修講師の教える技術』（寺沢俊哉著、ディスカヴァー・トゥエンティワン）
- 『ラーニング・ファシリテーションの基本 〜参加者中心の学びを支援する理論と実践〜（ATD/ASTDグローバルベーシックシリーズ）』（ドナルド・マケイン／デボラ・デイビス・トビー 著、香取一昭翻訳、ヒューマンバリュー）
- 『リーダーシップ開発の基本〜効果的なリーダー育成プログラムを作る〜（ASTDグローバルベーシックシリーズ）』（カレン・ローソン著、永禮弘之監修、長尾朋子翻訳）

- Brain-Based Learning: The New Paradigm of Teaching, Eric P. Jensen,

Corwin
- Brain Power: Unlock the Power of Your Mind, J.Graham Beaumont , Grange Books Ltd
- Designing Brain-Compatible Learning, Gayle H. Gregory, Terence Parry, Corwin
- Evidence-Based Training Methods: A Guide for Training Professionals, Ruth Colvin Clark, AST
- How Learning Works: Seven Research-Based Principles for Smart Teaching, Susan A. Ambrose, Michael W. Bridges, Michele DiPietro, Marsha C. Lovett, Marie K. Norman, Jossey-Bass
- How People Learn: Brain, Mind, Experience, and School: Expanded Edition, Bransford, John D , Brown, Ann L. , and Cocking, Rodney R. Editors, National Academy Press
- How the Brain Learns 4th Edition, David A. Sousa, Corwin
- Human Learning and Memory, David A. Lieberman, Cambridge University Press
- Learner-Centered Teaching: Five Key Changes to Practice 2nd Edition, Maryellen Weimer, Jossey-Bass
- Master Trainer Handbook: Tips, Tactics, and How-Tos for Delivering Effective Instructor-Led, Participant-Centered Training
- Mind, Brain, & Education: Neuroscience Implications for the Classroom, David A. Sousa, Editor, Solution Tree
- Mind, Brain, and Education Science: A Comprehensive Guide to the New Brain-Based Teaching, Tracey Tokuhama-Espinosa, W. W. Norton & Company
- Memory, Mind & Emotions, Ph.D. Maggie Greenwood-Robinson, Rodale Press
- Soundtracks for Learning: Using Music in the Classroom, Chris Boyd Brewer, LifeSounds Educational Services
- A Taxonomy for Learning, Teaching, and Assessing, : A Revision of Bloom's Taxonomy of Educational Objectives, Complete Edition, Lorin W. Anderson, Addison Wesley
- Teaching to the Brain's Natural Learning Systems, Barbara K. Given, Association for Supervision & Curriculum Development
- Ten Best Teaching Practices: How Brain Research and Learning Styles Define Teaching Competencies, Donna E. Walker Tileston, Corwin

- The Great Memory Book, Karen Markowitz , Eric P. Jensen, Corwin
- The Jossey-Bass Reader on the Brain and Learning, kurt W. Fischer editor, Jossey-Bass
- The Learning Brain : Lessons for Education, Sarah-Jayne Blakemor, Uta Frith, Blackwell
- The New Science of Learning: How to Learn in Harmony With Your Brain, Terry Doyle, Todd Zakrajsek, Stylus Publishing
- The Working Memory Advantage, Tracy Alloway, Ross Alloway, Simon & Schuster
- Tuning the Human Instrument: An Owner's Manual, Steven Halpern, Spectrum Research Institute
- Unlimited Memory: How to Use Advanced Learning Strategies to Learn Faster, Remember More and be More Productive, Kevin Horsley, TCK Publishing
- Use Both Sides of your Brain, Tony Buzan, Plume

●中村文子

ダイナミックヒューマンキャピタル株式会社　代表取締役
ボブ・パイク・グループ認定マスタートレーナー

神戸市外国語大学を卒業。P&G、ヒルトンホテルにて人材・組織開発を担当後、
2005年にダイナミックヒューマンキャピタルを設立。クライアントは製薬、
電機メーカー、保険・金融、ホテル、販売・サービス業、さらには大学・学校
と多岐にわたる。「世の中から、退屈で身にならない研修を減らす」ことをミッ
ションに、講師・インストラクター・社内講師養成、研修内製化支援に注力。
教育制度構築、階層別研修、コミュニケーションスキル研修などの分野でも活
動中。著書に『講師・インストラクターハンドブック』（日本能率協会マネジ
メントセンター）、「SCORE! Super Closers, Openers, Revisiters, Energizers
Vol. 3」（共著、Creative Training Productions LLC）。

●ボブ・パイク　Bob Pike

ボブ・パイク・グループ創設者・元会長

「参加者主体」の研修手法についての著書『クリエイティブ・トレーニング・
テクニック・ハンドブック　第3版』（日本能率協会マネジメントセンター刊、
現「Master Trainer Handbook」）は講師養成の分野でのベストセラー。他に
も20冊以上の著書をもつ。「参加者主体」の研修手法は全世界30か国以上で12
万人以上が受講している。アメリカで優れたスピーカーに与えられる称号CSP
（Certified Speaking Professional）をもち、人材開発の世界的機関ATD
（Association for Talent Development）ではレジェンダリー・スピーカーと
して称えられている。人材開発、講師養成の分野で40年以上の経験をもち、
2007年には、人材育成分野で最も影響を与えたリーダーに贈られる賞を受賞
している。

研修デザインハンドブック

2018年6月10日	初版第1刷発行
2023年11月5日	第10刷発行

著　者――中村文子、ボブ・パイク
　　　　　©2018 Ayako Nakamura, Bob Pike
発 行 者――張 士洛
発 行 所――日本能率協会マネジメントセンター
〒103-6009　東京都中央区日本橋 2-7-1 東京日本橋タワー
TEL　03(6362)4339(編集)／03(6362)4558(販売)
FAX　03(3272)8127(編集・販売)
https://www.jmam.co.jp/

装丁、本文デザイン――玉村幸子
ＤＴＰ―――――株式会社明昌堂
イラスト――――玉村幸子
印 刷 所―――――広研印刷株式会社
製 本 所―――――株式会社三森製本所

本書の内容の一部または全部を無断で複写複製（コピー）することは、
法律で認められた場合を除き、著作者および出版者の権利の侵害となり
ますので、あらかじめ小社あて許諾を求めてください。

ISBN 978-4-8207-2669-2　C2034
落丁・乱丁はおとりかえします。
PRINTED IN JAPAN

JMAMの本

講師・インストラクターハンドブック
効果的な学びをつくる参加者主体の研修デザイン

中村 文子、ボブパイク著
A5判　並製　336頁

世界30カ国で実践される「参加者主体の研修手法」をベースに、研修参加者の学ぶ意欲を高め、学習効果を最大化するためのスキルをまとめた1冊。研修に携わる人にとって必須のインストラクショナルデザイン、デリバリー、ファシリテーション、効果測定を網羅。

実践 人財開発
HRプロフェッショナルの仕事と未来

下山 博志著　A5判　並製　256頁

人財開発の仕事を体系的に学び、これからどのように展開を図っていくかを検討するための1冊。キーワードは、「人財開発」と「内製化」「すぐそこにある未来のHR」。事例や近年の動向をもとに、これからの人財開発を考えていきます。

成人発達理論による能力の成長
ダイナミックスキル理論の実践的活用法

加藤 洋平著　A5判　上製　312頁

スキルはどう伸びるのか、どう伸ばすのか。ハーバード大学 カート・フィッシャー教授の実証研究をもとに解説。環境依存性・課題依存性・変動性・最適レベル・機能レベル・5つの能力階層・5つの成長法則などのキーワードで読み解く能力開発のメカニズム。